子どもの出すシグナルをキャッチする

やさしくわかる
発達心理学

林 洋一［監修］
Hayashi Yoichi

ナツメ社

はじめに

人間は、ある時代のある社会のある家族の中に、その人の意志と全く関係なく産まれてきます。そして、その家族に見守られながら成長して大人になり、やがて家族から独立して新しい家族をつくります。このようなことが長い人類の歴史の中でずっと繰り返され、その結果として、今、私たちがここに存在するのです。

発達心理学は、受精から死に至るまでの人間の発達を研究する心理学の一分野です。かつては「児童心理学の別名」のように考えられていましたが、最近の発達心理学はその研究範囲を著しく拡張し、胎児から高齢者まで、つまり人間の生涯全体をその研究対象にしています。さらに、いわゆる正常な発達だけではなく、発達途上にさまざまな課題や問題を抱えた人たち、たとえば発達障害といわれるような「行動の偏《かたよ》り」を持つ人たちに対する理解と支援にも寄与するようになってきています。

　本書は発達心理学の入門書であり、人間の成長・発達という非常に複雑な現象を、できるだけわかりやすく解説したものです。そして、この分野の基本的な事項だけではなく、なるべく新しい知見《ちけん》を盛り込むように努め、読者の方々と一緒に人間の発達について考えていくという編集方針でつくられています。

　発達心理学に最も強い関心を持っているのは、実際に子どもを育てている母親、父親の方たちでしょう。そのために、本書は子どもの発達の問題を中心に展開しています。子どもの発達をチェックするテストを用意し、さまざまな問題行動とその背景、具体的な対処方法のノウハウについて触れているのは、そのためです。

　しかし、「育児は育自」と言われるように、子育ては自分自身を育てることでもあります。そのため「大人のための発達心理学講座」という章を設け、自分自身のことを振り返っていただく機会をつくりました。
もちろん、本書は大学や短期大学で学ぶ学生の方々、幼児教育や児童福祉にたずさわっている方々、広く人間の発達について知りたいという方々をも対象にしています。本書を契機として、一人でも多くの方々が非常に興味深い人間の「発達」に関心を持っていただくことを強く願っています。

林　洋一

目次

第2章 「対人能力」を育てる環境 ～社会性の発達～

第3章●「脳」の発達も環境しだい ～脳とからだの発達～

第4章 本物の「知力」を身につける ～知能と言葉の発達～

第5章 やる気を高める「学習法」～学習と教育～

第6章●大人のための発達心理学講座

5歳児までの 発達のめやすカレンダー

0歳

	1カ月	2カ月	3カ月	4カ月	5カ月
からだの発達	■手を握りしめている	■頭をもちあげる ■何かを目の前に持ってくると、見る	■手が開きはじめる ■ガラガラを持つ	■首がすわる ■ものをつかもうとする	■名前を呼ぶと振り向く
こころの発達		■声が出る。「アー」「ウー」など		■あやすと声をたてて笑う	■ものを手にとって口に入れようとする

パパ
子育てに積極的なのはいいけど、トンチンカンなのが心配なところ。

ママ
しっかり者だけれどおっちょこちょいなママ1年生。はじめての育児にドキドキ。

えりか
待望の長女。すくすく育ってくれるといいのだけれど……。

※『乳幼児発達心理学』繁多進編著（福村出版）、『うちのおちびちゃん　1歳から3歳までの育児としつけ』宮野孝一監修（成美堂出版）をもとに作成

1歳

6カ月	7カ月	8カ月	9カ月	10カ月	11カ月	12カ月
■両手で積み木などをつかむ ■手で身体を支えて少しの間座れる ■寝返りをうつ	■ひとりで座れる ■ものを持ちかえる	■ハイハイを始める	■つかまり立ちをする ■手の先でつつく	■つかんだものを離す ■立ち上がろうとする	■親指と人さし指でつまむ	■支え歩きをする、あるいはひとりで2、3歩歩ける
■親が区別できる			■「マーマ」など、言葉らしいものが出る	■バイバイをする ■赤ちゃん芸をする	■ものを隠すと探し出す ■「ちょうだい」というと反応する	■「ワンワン」や「マンマ」など数語を話す

【0歳　夢を見るのも今のうち？】

1歳

1ヵ月 → 6ヵ月 → 12ヵ月

からだの発達

- ひとりで立つ、歩く
- ストローで飲み物を飲む
- 積み木を積み上げることができる
- 走っているものを目で追う
- 転ばずに歩く
- ひとりで椅子に腰かける
- 走り始める
- 殴り書きをする
- 絵本のページを2〜3ページまとめてめくれる

こころの発達

- 指さしをする
- 意味のある言葉を何語か言える
- まわりの人の言葉がおおまかにわかる
- 着替えるときに自分で袖から手を抜く
- 二語文（P147）が出はじめる
- やきもちをやく
- 絵本に興味を持つ
- 洋服がひとりで脱げる
- おしっこが出たら、しぐさに出る

【1歳　初めての……】

3歳 ← 2歳 ←

12カ月 ← 6カ月 ← 1カ月

からだの発達

- いびつな円を描く
- スプーンやフォークでごはんが食べられる
- よく走る
- ジャンプをする
- ひとりで靴をはく
- 階段を上り下りする
- 積み木を6つ重ねて塔をつくる
- 一瞬だけ片足で立つ

こころの発達

- 本のページをめくる
- 親の言うことを聞く
- ごっこ遊び（ままごとなど）に興味を持つ
- 尿意を伝える
- ひとりで着替えようとする
- 親から離れることができる

【2歳　恐怖の反抗期？】

3歳

12ヵ月 ← 6ヵ月 ← 1ヵ月

からだの発達

- 片足立ちをする
- 大人のようにクレヨンを持つ
- 線を描く
- 箸が使える
- 三輪車に乗る
- 片足で少し跳ぶ

こころの発達

- 自分の名前が言える
- 手を洗って拭く
- 「僕」や「わたし」と言う
- 友だちと仲良く遊べる
- ひとりでちゃんと着替える
- 顔を洗う
- ひとりでボタンがかけられる
- 色がわかる
- 形のあるものを描ける

【3歳　子どもはしっかり見ています】

5歳 ← 4歳

	4歳	5歳
からだの発達	■片足跳びをする、ケンケンをする ■動きがなめらかになる ■ふたつの動作を同時にできるようになる ■幅跳びをする	■スキップをする
こころの発達	■赤ちゃん言葉が抜けて、サ行やカ行がきちんと言える ■三語文、四語文がマスターできる ■本やテレビからさまざまな知識を身につける	■10まで数えられる ■感情をある程度コントロールできる ■社会のルールが身につき、それにしたがって行動できる

【4歳　子ども心と秋の空？】

子育ての常識チェックテスト

～子どものサインに気づいていますか？～

Q1

人間にはもともと、持って生まれた性質がある。

□YES
□NO

Q2

[生後3カ月ごろ]
親ばかりになついて、他の人になつかないのは、危険なサインだ。

□YES　□NO

Q3

[生後6カ月ごろ]
呼びかけても全然目を合わせてくれない。でもまだ生後6カ月だから、全く安心。

□YES　□NO

Q4

[生後8カ月ごろ]
人見知りは、人への信頼感ができていない証拠だからよくない。早くなおしたほうがいい。

□YES
□NO

Q5

[2歳ごろ] 反抗期は正常な発達の証拠であって、親の育て方が悪いわけではない。

□YES
□NO

Q6

[2歳半～3歳] 2歳を過ぎて二語文（2文節をつなげた言葉）が出なかったら、発達に障害がある。

□YES
□NO

Q7

【児童期】親がとやかく言わなくても女の子は女らしく、男の子は男らしく育つものだ。

□YES
□NO

Q8

【児童期】子どもの興味は次々と移り変わるもので、他の子どもより落ち着きがなくても全く心配はない。

□YES
□NO

Q9

【児童期】運動能力は遺伝によって決まっているので、努力してもあまり伸びるものではない。

□YES
□NO

Q10

【児童期】小さいころの子どもの行動は親が決めていろいろやらせたほうが、いずれ積極的な子に育つ。

□YES
□NO

Q11

【児童期】子どもを叱ってやる気を出させても、子どもはその場かぎりしか努力しない。

□YES
□NO

Q12

【児童期】子どものやる気を引き出すのに一番効果的なのは、ほめたりごほうびを与えることである。

□YES
□NO

【解答＆解説】

A10 **NO** 親が子どもの行動を統制するほど、子どもは消極的かつ依存的に育つという報告があります。 ➡P22～	**A7** **NO** 「男らしさ」「女らしさ」は、持って生まれたものではなく、環境によって身につくとされています。 ➡P34～	**A4** **NO** 人見知りは、親に対して「愛着」を抱いている証拠です。たいてい自然に消えていくので、心配はありません。 ➡P68～	**A1** **YES** 性格は環境によって作られていくものですが、その中核には先天的かつ遺伝的な性質があると考えられています。 ➡P20～
A11 **YES** 子どもを叱って何かをさせる「負の強化」では、子どもはその行動を嫌いになり、その場かぎりしか努力しない傾向があります。 ➡P172～	**A8** **NO** あまりにも落ち着きがなく、さらに順番が待てないなど「衝動性」等が見られる場合、ADHDの可能性があります。 ➡P186～	**A5** **YES** 反抗期は自我が正常に発達している証拠です。現れ方の強弱は、ほとんどが個人差によるものです。 ➡P40～	**A2** **NO** この時期、親に対して特別なつくのは、順調に「愛着」を形成しつつある、よい兆候です。 ➡P64～
A12 **NO** 子どもをほめたり何かを与えたりしてやる気を起こす「外発的動機づけ」は長続きしにくいことがわかっています。 ➡P176～	**A9** **NO** 運動能力には、種目によって遺伝よりも環境が強く影響するものもあり、努力しだいで伸びます。 ➡P128～	**A6** **NO** 言葉の発達には個人差が大きいため、まわりの子より遅れていても必ずしも障害があるとは限りません。 ➡P146～	**A3** **NO** 新生児には「語りかけ」に反応をする能力があります。目が全く合わない場合、発達に障害がある危険が。 ➡P78～

チェックテストの結果はいかがでしたか？

このような、子育てに役立つ知識の数々を解明しているのが、発達心理学――子どもの「発達」をめぐる心理学です。

この本では、それぞれのページを、０～５歳児までの「乳児期」、６～12歳までの「児童期」に分けて、発達心理学の基本について紹介しています。また、青年期以降の発達についても、６章「大人のための発達心理学」でまとめてとり上げています。

では、発達心理学の世界をのぞいてみましょう――

第1章

「性格」はどうつくられる？

〜人格の発達〜

思いやりのある子にしたい、素直な子になってほしい……。
親が子どもに期待するのは、まず「性格」。
では、性格はどのようにつくられていくのでしょうか。
この章では、人格形成に関わる要因について説明していきます。

乳幼児期

性格は「遺伝」している？

——気質と性格

●人間にはもって生まれた性格がある？

「本当に父さんに似て頑固なんだから！」親子げんかというと、こんな台詞が飛び出すことがあります。世間では、性格は遺伝するもの、生まれつきのものとみなされることがあるようです。しかし、これは本当でしょうか。「明るい性格の人」は赤ちゃんのころから明るい性格だったのでしょうか。

実は、性格には生まれながらに備わっているもの（「**気質**」と呼ばれる）と、環境によってつくられていくものとがあります。

前者の「気質」の存在は、アメリカの心理学者トマスらの実験によって研究されています。生後2～3カ月の乳児１１０名を12年間にわたって調べたところ、「運動は活発か」「反応は敏感か」「生理的リズム（食事・排泄・睡眠などの周期の規則性）は安定しているか」「環境に順応できるか」「機嫌はよいか」などの性質については、乳幼児期を通じてかなり一貫しているという結果を得ま

＊「気質」は梅干のタネのようなもの？
気質は人間が生まれつき持っている行動上の個人差。生涯を通して持続しやすいことから、この気質をベースとして、環境からつくられた後天的な性格がまわりを囲み、性格が形づくられるという見方もできる。ちなみに、気質は生物学的な基礎に基づいており、ブラゼルトンの研究によると民族差があるという。

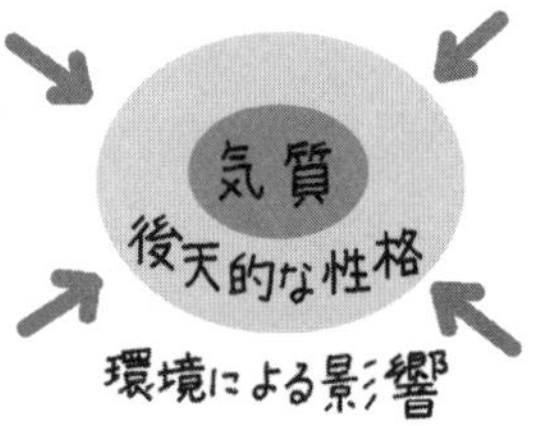

した。この研究から、これらの性質は生得的なもので、持続すると考えられるようになったのです。そしてこれらの気質の個人差は、遺伝的な要因により生じるとされています。

●母親の接し方が気質を左右する

では、この気質の個人差は、**人格**の発達にどのような影響をもたらすのでしょうか。

赤ちゃんの気質と母親の接し方はお互いに影響しあい、子どものその後の人格に影響を与えると、アメリカの心理学者ケイガンは言っています。たとえば、生理的リズムが安定して順応性が高い「扱いやすい子」の場合、親は自然と育児に積極的になるので子どもの人格にも好影響を与えやすくなります。逆に「扱いにくい」気質の子どもだと、親は育児に疲れて子どもに愛情を抱きにくくなり、子どもの人格発達に悪影響があることもあります。

また、「扱いにくい」気質の子どもでも、親がその子を「敏感な子だからよく気をつけてあげよう」と捉《とら》えるか、「泣いてばかりでいらいらする。困った子ね」と捉えるかで、子どもへの接し方が変わり、この違いによっても子どもの人格は変わってくるのです。

このように気質自体は変わりにくいものの、大人になっても気質がそのまま表れるということはなく、母親と父親をはじめとするまわりの環境との相互交渉により、性格はさまざまにつくられていきます。

＊人格（personality）
さまざまな定義があるが、心理学では、個人差や価値指向性に関わるものを「人格」、さらに本質的な部分を「性格」と呼ぶことが多い。

おもに児童期

環境と性格①

子どもの性格は親が決める?

●母親との関係は、子どもの性格にストレートに反映される?

都会の子どもが田舎に引っ越してきて、引っ込み思案だった性格が開放的で明るくなった、というような物語がよくあります。物語のように環境がガラリと変わるまでいかなくても、どんな家庭に生まれたか、家族は何人か、また、友だちや教師との関係はどうかなど、まわりの環境は子どもの性格に少なからぬ影響を与えることがわかっています。

そのなかでも、家庭環境が与える影響は大きいものです。とくに母親は一般的に子どもと接する時間が長いため、子どもの性格形成上、重要なカギを握っています。そのためにも、母親への愛着(P64)がきちんとなされていることが必要でしょう。実際、養護施設などで育った子どもは、性格形成について障害の心配があるとも言われています。

また最近、心臓疾患を招きやすい行動パターンとして「**タイプA**」が話題になっていますが、このタイプA行動をとる母親に育てられた子どもは、同じくタイプA特性が身につくという報告があります。子どもの性格発達に関する母親の影響は、直接的なものなのです。

＊タイプA
心筋梗塞や狭心症などの危険因子として、内科医により提唱された行動パターン。競争心や達成欲求が強く、つねに急いでいる、大声で早口などの特徴を示す。

さらに、父親との関係も見逃せません。父親と息子の関係がよいものであれば、息子は父親を同一視し、男らしい性格になります。長期間家を留守にすることが多いノルウェーの父親のもとで育った男の子は、男性モデルである父親がいないため、おとなしく、あまり活発でないという研究結果でも明らかにされています。

一方、娘は、父親との関係がよければ、父親は娘にとって異性モデルとなり、父親が娘に女性らしい行動を求めることで、より女性らしい性格になっていきます。

さらに、夫婦関係のありかたも子どもの性格に関わってきます。夫婦仲がよければ、母親や父親の情緒が安定している

まずは家庭ありき？
～性格の発達に及ぼす外的要因の例～

(詫摩ら、1990)

1 生まれた家庭の要因
親の年齢・教育歴・職業・収入・宗教・人生観・価値観・子ども観・性役割観、その家庭の一般的雰囲気、父と母の関係など

2 家族構成
家族構成員の人数や関係、家族形態、きょうだい数と出生順位・年齢差、家族間の愛情の程度、親と子の心的距離など

3 育児方法や育児態度
授乳や離乳のしかた、食事・睡眠などの基本的習慣のしつけ、他人に対する態度・感情の表出に関するしつけ、親の子どもに対する一般的態度など

4 友人関係・学校関係
友人の数・つきあいの程度、遊びの時間や場所、遊びの内容、友人集団内での地位、学校の教育方針、担任教師との関係

5 文化的・社会的要因
その社会の生活様式・宗教・習慣・道徳・法律・価値基準・政治形態・歴史・地理・人間関係観・性役割観、ほかの社会との関係

ので、そのことが子どもとの関わり、ひいては性格形成によい影響を及ぼします。

●接し方しだいで、子どもの性格は変わってしまう

朝、なかなか身支度を始めない子どもに向かって、「早く顔を洗いなさい」「早く着替えなさい」「早く……」と、子どもをせき立ててしまうお母さんも多いようです。

しかし、ある研究によれば、母親が「早くしなさい」と子どもを駆り立てる態度を長期間とっていると、子どもはいつもイライラし、攻撃的な性格に育つというのです。

このように、親の**養育態度**は子どもの性格形成に重要な影響を与えます。詫摩武俊氏らの研究によると、支配的な親のもとに育った子どもは自主性がなく、依存心が強く温和な性格の子どもに育ち、また、かまいすぎる親だと神経質で臆病、そして、拒否的な親だと反社会的で暴力的な性格になるとしています。

ただし、最近では、親の養育態度がそのまま子どもの性格に影響するというよりは、親と子どもとの相互作用によって、子どもの性格がつくられていくという見方が強くなっています。それでも、左図をみるように、母親が受容的なのか拒否的なのか、また、母親が支配的なのか自律性を促すかによって、子どもの性格に一定の傾向がみられることを見のがしてはいけないでしょう。

＊養育態度
親の養育態度は、親自身の性格、価値観、生育歴、学歴、経済的要因・社会階層、文化的要因、夫婦関係などによって決まるとされている。

育ち方で性格はどう変わるか
～親の養育態度と子どもの性格～

親がとる態度と子どもの性格の典型例。実際の性格形成には、このほかにもさまざまな要素が影響しているため、この通りに育つとはいちがいに言えない。

受容 愛情豊かで子どもに理解を示す

親の態度

子どもの性格

- 情緒安定
- 思慮深い
- 神経質でない
- 親切
など

×

拒否 子どもに拒否的で敵意すら示す

- 反社会的
- 冷淡
- 神経質
- 情緒不安定
など

統制 子どもの活動を心理的に制限する

親の態度

子どもの性格

- 依存的
- 消極的
- 乏しい自発性
- 温和
など

×

自律 子どもの自律運動を促進させる

- 友好的
- 自己主張
- 強い独立心
など

おもに児童期

環境と性格②

軽視できない　きょうだいの影響

●生まれた順序で選ぶ職業も変わる?

子どもの性格形成にとって、最も重要なファクターと言えるのが家庭環境です。しかし同じ親のもと、同じ家庭環境で育っても、全く違った性格をもつケースもあります。自分自身の「きょうだい」を振り返ってみると、すぐ思い当たるのではないでしょうか。

少し古い研究になりますが、職業ときょうだいの関係を調べたおもしろい調査があります。それによると、病院に勤務している医師や一部上場企業の社長には長子が多く、スポーツ選手やオーケストラの団員、コメディアンには末っ子が多いという結果が出たのです。きょうだいのどの位置にいるか、つまり**出生順位**によって性格が想像できるというのはよく聞く話です。この性格の違いは、一体どのように生まれるのでしょうか。

●「お兄ちゃんの苦労」は今も昔も変わらない

実は、親は同じように子どもを育てているつもりでも、上の子か下の子かによって、無

＊**出生順位**
きょうだいの生まれた順番のことで、子どもの性格形成に影響をもつとされる。
ちなみに、長男・長女のことを長子、末っ子のことを末子という。

うちの子はどちらのタイプ？
～きょうだいの性格特性～（依田明、1980）

長子的性格

- □もっと遊んでいたいときでも、やめなければならないときにはすぐやめる
- □あまりしゃべらないで、人の話を聞いていることのほうが多い
- □仕事をするとき、丁寧に失敗のないようにする
- □面倒なことは、できるだけしないようにする
- □何かするとき、人の迷惑になるかどうかよく考える
- □自分の用事を平気で人に押し付けたり頼んだりする
- □いつもきちんとしていないと気がすまない
- □お母さんによく口ごたえをする
- □よそへいくと、すましたがる

末子的性格

- □おしゃべり
- □無理にでも自分の考えを通そうとする
- □少しでも困ることがあると人に頼ろうとする
- □人のまねをするのが上手
- □食べ物に好き嫌いが多い
- □人にほめられるとすぐ調子にのる
- □とてもやきもちやき
- □外へ出て遊んだり、騒いだりするのが好き
- □すぐ知ったかぶりをする
- □せっかち
- □はきはきしていてほがらか

意識に接し方を変えています。上の子の場合は、親にとって出産も育児もはじめての経験。子どもに接するときも緊張し、神経質になりがちでしょう。それに比べ、2人目の子どもからは、出産も育児もすでに経験済みなので、余裕をもってのんびり育てることができます。神経質に育てられるか、のんびり育てられるかによって子どもの性格が変わるのは当然。それが、きょうだいによる性格の違いとして現れているのです。

また、親の**発達期待**という問題もあります。たとえば、「お兄ちゃんだからいい子でね」「お姉ちゃんだから我慢してね」などと、上の子に

＊発達期待
子どもにどのような態度や人格などを望み、どのような人間になってほしいかという、親などのもつ期待のこと。子どもの発達に少なからぬ影響を与える。

向かって親はよく言います。これは、弟や妹の目上としてふさわしい行動をとるようにとの期待からです。つまり、目下の者は目上の者を敬い、目上の者は目下の者の面倒をみるという「長幼の序」が、知らず知らずのうちに親の期待となって現れているのです。現在、長幼の序はあまり顕著にみられないようになっていますが、こと、子育てに関しては未だに存在しています。「お兄ちゃん」「お姉ちゃん」という呼び方も、単に出生順位が早いからということではない、役割のようなものを期待しているからだと見られています。

一方、上の子にとっては、これまで親の愛情を一身に受けてきたのに、下の子が生まれた途端、そうはいかなくなってしまいます。下の子はまだ赤ちゃんで手がかかるので、親はつきっきり。「親の愛を奪われた」と、弟や妹のことを好ましく思わないことがあるのも当然でしょう。さらに、親の期待というプレッシャーがかかります。その結果、突然ぐずったり、すねたり、親にやたらと甘えるなど年齢より幼い行動をとる「**退行**」が現れることもあります。

そんなとき親は、「弟ができたんだから」と期

きょうだい関係のパターン

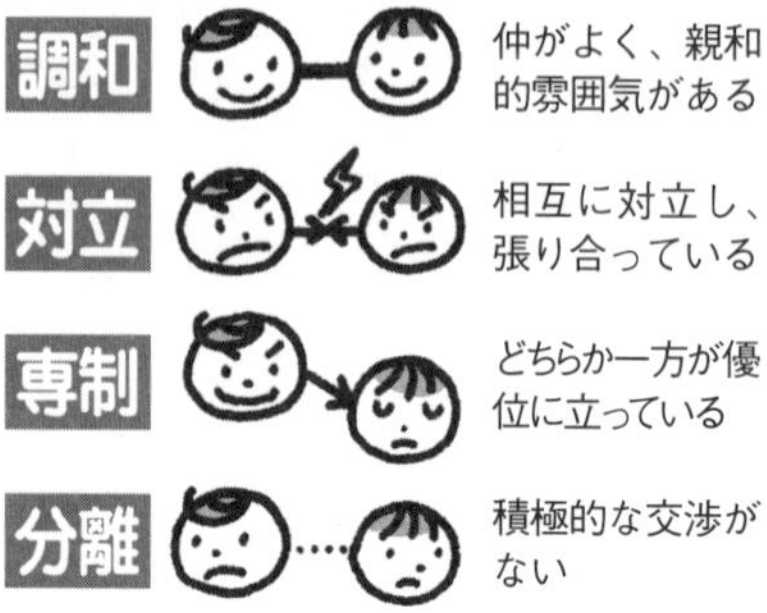
調和
仲がよく、親和的雰囲気がある
対立
相互に対立し、張り合っている
専制
どちらか一方が優位に立っている
分離
積極的な交渉がない

きょうだいは一般に小学校高学年以降「分離」関係になることが多いが、女の子同士の場合は「調和」関係が続きやすい。

＊退行（赤ちゃんがえり）
発達初期に戻り、より幼い行動をとること。多くは一時的なもので、退行することで安定し次の発達段階に向かう。病気のときや不安なときにもみられる。

待をかけるようなことはせず、思いきり甘やかしてあげることが大切でしょう。

●個室はきょうだい関係を希薄にする

きょうだい関係を4つのタイプに分類した、依田明氏による調査があります。1965年に調査を行ったところ、きょうだい関係を「対立的」ととらえた子どもが多かったのですが、16年後の調査では「調和的」ととらえた子どもが大多数を占めました。「きょうだい仲よし」というのは一見いいことのようですが、この調和は表面的なものであることが多いといいます。きょうだいはライバル意識を持ったり、けんかをしたりして人間関係を学んでいきます。それが、子どもの発達において大切であると依田氏は言っています。

また、同じ調査で1965年に比べて増えたものとして、きょうだい関係を「分離的」ととらえた子どもの数があります。個室にこもるきょうだいが増えた結果でしょう。

2002年の調査によると、一家庭の子どもの数は平均で2.2人(完結出生児数:国立社会保障・人口問題研究所調べ)ときょうだいは確実に減っています。きょうだいのある子にはそれだけ社会性を磨くチャンスがあるのですが、それぞれ個室にこもってゲームを相手にしているばかりでは、せっかくの機会も生かされません。やはり一緒に遊んだり学んだりする機会を増やすとよいのです。

■はったつプチコラム■　現代のきょうだい関係を考えさせられる小説『黒冷水』
若干17歳で文藝賞を獲得した『黒冷水』羽田圭介著(河出書房新社)では、きょうだい間の熾烈なストーキングが描かれている。

おもに児童期

環境と性格③

ひとりっ子のウイークポイント

●ひとりっ子は「それだけで病気」だった？

「ひとりっ子はそれだけで病気である」――昔、アメリカの心理学者が言ったことばです。都会の子どもの多くがひとりっ子である現在、これは言いすぎだとしても、ひとりっ子は恵まれた環境でないと未だに言われることがあります。具体的にはどのような問題があるのでしょうか。

ひとりっ子は大人ばかりの中で育ち、「**きょうだい関係**」という人間関係を経験せずに育ちます。結果、大人とはうまくコミュニケーションをとることができるのですが、子ども同士のつきあいが下手な子が多いとされます。きょうだいでライバル意識を持ったり、ほしいものを争い合うのは、子どもの発達にとって大切。そういう経験を持たないひとりっ子に、人との深いつきあいが苦手という子が多いのも当然の結果でしょう。実際、コミュニケーションがうまくとれないことが原因で、引っ込み思案になった

＊きょうだいはナナメの人間関係

依田明氏によると、親子関係をタテの関係、友だち関係をヨコの関係としたとき、きょうだいはナナメの関係になるという。右図の→印をたどればわかるように、きょうだい関係は親子関係から友だち関係へ移行するときの橋渡しの役割を果たすと依田氏は言っている。

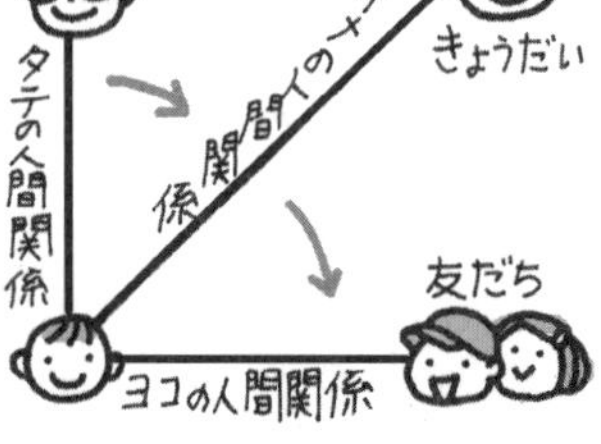

り、人嫌いになったりしがちなのが、ひとりっ子だと言われてきました。

●ひとりっ子にはチームプレーをさせよ？

では、ひとりっ子は**社会性**を養うことはできないかというと、必ずしもそうではありません。

できるだけ同年代の子どもと遊ばせたり、サッカーや野球などチームプレーが必要とされるスポーツをするなど、ひとりっ子問題を解消する方法もあります。つまり、きょうだい関係に近い人間関係を家庭外で経験させるのです。依田氏によると、このとき子どもたちの間でけんかが起こったとしても、母親や父親は口出しをしないことが大切だと言います。大人のいない世界で本音でぶつかり合うことで、同世代との付き合い方を覚えていくのです。

Break

ひとりっ子の母親は子だくさんの母親より心理的な負担が大きい？

ひとりっ子の親は昔の子だくさんの親と比べ負担が軽いと思われがち、しかしちょっと意外な調査結果があります。母親の育児に対する負担感を「心理的負担」「経済的負担」「時間的負担」の3つに分け、多子の母親とひとりっ子の母親の負担感を比較した調査（柏木・永久、2000）では、「経済的負担」は多子の母親がより多く感じているのに対し、「時間的負担」「心理的負担」はひとりっ子の母親のほうがより強く感じていることがわかったのです。

ここから推測できるのは、ひとりっ子の母親のほうが育児以外の活動に深い関心を持っていること。自分の時間が欲しいと願っていると、実際の育児時間は短くともより大きな負担を感じてしまうのでしょう。

＊社会性
心理学では、人が人との関係を築くことができることを社会性と呼ぶ。一般にいわれる「対人関係能力」と同じような意味で使われることも。

児童期以降

人格の一貫性

子どもの頃の性格はどう変わるか

●高齢になるほど、性格の変化は少なくなる

小さい頃の性格は、いつ、どのように変わっていくのでしょうか。

鈴木乙史氏によると、人格の形成過程である青年期までは、性格は当然変わるとしていますそして、青年期が終わって大人になったあとも性格は変わるものの、その変化はしだいに少なくなっていくということがわかっています。

フィンは17～25歳の大学生と、43～53歳の中年という2世代の性格を30年間隔で追跡した調査を行っています。結果、30年後の性格の相関係数（類似性が高いほど1.0に近くなる）は大学生が0・38であるのに対して、中年は0・53と高いということがわかったのです。つまり、年齢が高くなるほど性格が安定してくるということを証明しています。

また、性格のどの部分が変わり、どの部分が変わらないかの研究も進んでいます。最近よく使われているのが「ビッグファイブ」という言葉で、コスタとマックレーという研究者によると、神経症的傾向と外向性、開放性、協調性、誠実性という5つの**特性**のことを

＊特性
性格のうち一貫して出現する行動の傾向などを「特性」という。人間に共通していると考えられる５つの性格特性を、ビッグ・ファイブとよんでいる。

指しています。この5つについては、とくに中年期以降は変化しにくいことが報告されています。

●結婚や出産、就職など、ライフイベントによって性格が変わる

鈴木氏による、自閉症児を持つ母親の性格の変化を調査したデータがあります。それによると、母親は障害児を持つようになって、性格が「外向的」「積極的」「寛容」などプラスの方向に変化したと答えています。

性格を変えるできごと

「結婚して人が変わった」「就職して人が変わった」はあながち嘘ではないかも……。

このように、性格が変わるきっかけには、「何らかの危機的状況（クライシス）」が存在します。そのほかのきっかけとして、出産や結婚、転職、昇進、リストラなど、その人にとって大きなできごとがあげられます。状況が大きく変わったり、選択を迫られたりするとき、性格の変化が起こりやすくなるというわけです。

また、そういった大きな状況以外に、自分自身が「性格を変えたい」と意識的に思うことでプラスの方向に変化することもあり得るようです。

■はったつプチコラム■　「似たもの夫婦」の性格は変わりにくい？
カリフォルニア大学でのある研究では、結婚前のパーソナリティが似ている夫婦のほうが、夫婦それぞれの性格が変わりにくいことが明らかにされている。

おもに児童期

性役割の発達

「男らしさ」「女らしさ」は育て方で決まる？

小学生くらいの子どもを見ていると、男の子は外で走りまわって遊び、女の子は集まっておしゃべりをしているという光景をよく目にします。男の子は活発、女の子はおしゃべり好きというのは、生まれついての性格でしょうか。

心理学では、男女の性質の違いは生まれつきのものではなく、主として環境によってつくられていくとしています。実際、世界的にみてみると、生まれてから大人になるまで男女の性差がほとんどない社会や、女性が日本でいう男らしさを持ち男性が日本でいう女らしさを持っているなど、日本とは性役割が逆転している社会も存在しています。

では、**性役割**はどのようにつくられていくのでしょうか。まず、「男の子だから、こうあってほしい」「女の子だから、こう行動してほしい」という、まわりの期待がその要因として挙げられます。親をはじめとする周囲の人々が知らず知らずのうちに、そういった期待（性役割期待）を子どもにかけているのです。「男の子なんだから、メソメソしちゃダメ」「女の子だから、おとなしくしなさい」など、性別のしつけも性役割期待から生ずるもの。実際、親がそのような性別しつけをするかしないかで、子どもの性格は変わって

＊性役割
性別に基づいて社会から期待される行動パターンや態度、人格などをいう。いわゆる「男らしさ」「女らしさ」。子どもは親などからその行動様式を身につける。

「性別しつけ」を行う？　行わない？
～親の性役割観と性役割行動～

親　保守的、伝統的。「女の子だから」「男の子だから」とよく言う。

➡ 性役割期待が大きい

女の子なんだから
お手伝いしなさい

▼

子ども

ハい

性役割を意識した行動を心がけるようになることが多い。

親　柔軟、進歩的。「女の子だから」「男の子だから」と言わない。

➡ 性役割期待が少ない

お手伝いより
勉強しなさい

▼

子ども

性役割をあまり意識せずに行動するようになることが多い。性差の少ない職業を選びやすい。

くるのです。

　また、子どもの側でも、親を**同一視**することで性役割を意識していきます。実際、3歳くらいになると、男の子は父親の行動、女の子は母親の行動を観察して覚え、同じような行動をするようになります。たとえば、家で家事をする母親を見て、女の子は「女の子は料理や掃除をするものなんだ」と認識するようになります。

＊同一視（同一化）
他者の属性を無意識のうちに自分に取り入れて、他者と似た存在になること。子どもは、親や年上のきょうだいを同一視することで社会性を発達させていく。

発達障害とは？

約3パーセントの子どもが何らかの障害を抱えている？

子どもはいくつもの発達段階を迎え、さまざまなことを獲得しながら成長していきます。しかし、何らかの理由によって心身の発達に遅れやひずみが生じることがあります。これを**発達障害**（あるいは発達遅滞）といいます。

現在、義務教育段階で約3パーセントの子どもが発達障害を抱えているとされます。

国連の世界保健機関（WHO）では、発達障害を下の図のように定義しています。

これによると、なんらかの疾患から脳などの**機能障害**が生じ、**能力が阻害**されて**社会的不利**に陥ることになり、この3つを有している場合に障害とみなされることがわかります。

発達障害の定義は？

（国際連合による国際障害分類の試案1980より作成）

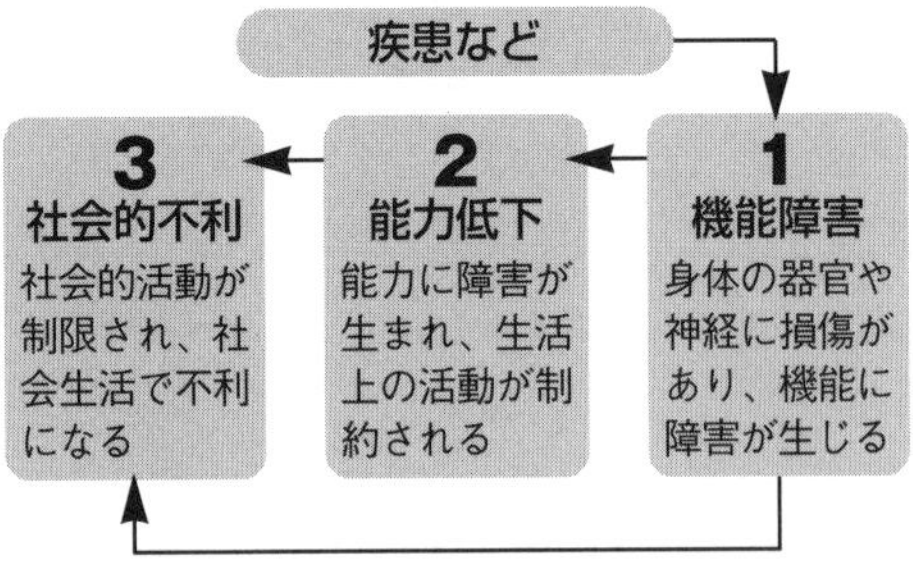
疾患など
1 機能障害
身体の器官や神経に損傷があり、機能に障害が生じる
2 能力低下
能力に障害が生まれ、生活上の活動が制約される
3 社会的不利
社会的活動が制限され、社会生活で不利になる

国連の規定によると発達障害は、上のように「疾患により機能に障害が生じ、それによって能力が低下して社会生活に支障を来たす」と示される。しかし、情緒障害や不安障害などでは、**1**の医学的な機能障害を伴わないケースも多い。

＊発達障害
障害をもって生まれたことで、親が育児に不安を抱いたり、過干渉、放任などになりやすく、その結果、環境による二次的障害につながる危険性もある。

具体的にどんな障害を発達障害に含めるかについては、さまざまな意見があります。

アメリカ精神医学会によると、知的障害やLD（学習障害）、コミュニケーション障害、広汎性《こうはんせい》発達障害（自閉症、アスペルガー障害）、運動能力障害などが挙げられます。これらを発症部位や機能で分けたのが左です。

4つの基本パターン

身体の障害

脳性マヒ➡P118、視覚障害、聴覚障害など

中枢神経系の障害

自閉症➡P78、アスペルガー障害P106、知的障害➡P162、LD（学習障害）➡P184、ADHD➡P186など

コミュニケーションの障害

言葉の障害➡P152、緘黙症など

心因性障害

行為障害➡P54、情緒障害、神経症など

このうち2つ以上をあわせもつ重複障害も少なくない。なお、中枢神経系はすべての障害に関係している。

異常のサインはすでに乳幼児期に現われている？

発達につまずきがあった場合、大切なのはできるだけ早く障害を発見し、その子に合った援助を行うことといえるでしょう。

発達の遅れは多くの場合、乳児期から現われています。1歳半検診は発達の遅れをチェックするものですが、両親が普段子どもの様子にあまり気を配っていない場合は、遅れがあっても見過ごされることも少なくありません。また第一子の場合は親の経験不足から発達の遅れを感知できない可能性が高いのです。

日ごろから子どもの言動に留意するとともに、まわりの子と比べて発達が大きく遅れているなど気になるサインがあれば、P190などの専門機関に相談してみましょう。

■はったつプチコラム■　親が障害に気づくのは2～3歳？

障害をもつ子どもの親が異常に気づいた時期を調べた調査では、半数近くの親が2～3歳の時期に異常を感知している。

乳幼児期

●——自己意識のめばえ

赤ちゃんは「自分」の存在を知らない

●赤ちゃんには、自分と他人との区別はつかない

世の中には、「自分」がいて他人がいる。私たちにとっては、知っていて当然の事実に思えます。しかし、赤ちゃんは生まれてからしばらくの間は、このことを知りません。成長するにつれ、だんだんそれに気づいていきます。「自分の指をおしゃぶりすると、唇にも指にもおしゃぶりしている感覚がある。でも、お母さんの指をおしゃぶりすると、唇の感覚しかない。変だなぁ」と思うわけです。そして、「ここに境界線があって、自分と自分とは違う他者という人がいるんだ」とわかってくるのです（**自己認知**）。

これは、ハーターによる鏡映像の実験で明らかにされています。まず、5〜8カ月の赤ちゃんの前に鏡をおくと、赤ちゃんは鏡に近づいて触ったり声をかけたりしますが、鏡に映っているのが自分だとはわかっていません。9〜12カ月になると、手を振ったりしたときに鏡の中でも同じ動作が行われていると気づきます。そして、1歳ごろになると鏡に映っているのは実物ではないことに気づき、2歳では、それが「自分」だとわかるという結

＊自己と自我
発達心理学では、客観的な立場からみた自分という存在を自己、主観的な立場から見た自分の存在を自我と呼ぶことが多い。

「私」はだあれ？
～鏡映像の実験～

実験 寝ている赤ちゃんの鼻に口紅を付けておき、目覚めたら鏡の前に座らせる。

結果
生後3カ月
鏡を叩いたり、顔をつけるなど、鏡の向こうに誰かがいるかのような行動をとる。自分とはわかっていない。
➡ 自己認知が確立していない

1歳ごろ
鏡に映った像は、実物ではないことがわかりはじめる。

1歳半～2歳
鏡を見ながら、鼻についている口紅をとろうとする。自分の姿であることを理解する。
➡ 自己認知の確立

果が出たのです。

●自分の名前に気づくのはいつ？

「けんちゃん」と名前を呼ぶと、赤ちゃんは笑いかけます。でも実は、「しんちゃん」と呼んでも同様に笑うのです。これは、自分の名前が理解できていない証拠。それが、1歳3カ月ごろになると、「けんちゃん」という呼びかけに「ハイ」と答えるようになり、「しんちゃん」と呼んでも、知らんぷりします。そして、1歳8カ月ごろには、自分で自分を「けんちゃん」と呼ぶようになるのです。

自分の名前がわかると、自分のものと他人のものの区別がつくようになります。ほかの子が自分の玩具で遊んでいると、「けんちゃんの」と取り戻そうとするのもこの頃です。

■はったつプチコラム■　チンパンジーは「自分」がわかる
上の実験で自分を認識できるのは人間とチンパンジーだけ。しかし自己認識には他者の存在が必要なため、隔離されて育ったチンパンジーには認識できない。

乳幼児期

反抗期はあった方がいい？

——反抗期

●反抗期は順調な発達の証拠？

ある1歳8カ月の女の子。服のボタンをひとりではめようとしていたのですが、うまくいきません。見かねた母親がはめてあげると、「自分で」「自分で」と言って、わーっと泣き始めたのです。

これは、いわゆる反抗期の一例です。それまで素直に親の言うことを聞いていた子がだんだん言うことを聞かなくなる、親の行動にかんしゃくを起こしておさまらない、それが**反抗期**。1歳3カ月～2歳半ごろに訪れます。親としては育児に不安をもつかもしれませんが、反抗期は子どもの発達にとっては大切なことで、2つの重要な意味をもっています。

まず、「自己意識の高まり」。「自分は親とは違う意志をもっている」ということを確認しているのです。そしてもうひとつは、自分の力を試したいという欲求、つまり自立心の現れ。なんでも「自分でする」と言

＊第1反抗期と第2反抗期
第1反抗期では、主に親に対する不服従や抗議、拒否、強情が現れるが、12～15歳ごろの第2反抗期では、周囲の大人や社会に対する反抗、攻撃、嫌悪などがみられる（自我の覚醒や自己意識の高まりによる）。いずれも一時的で、現れ方には個人差があるため全く目立たない子もいる。

うのは、自分の能力を試し、確認したい気持ちからきているのです。

反抗期の現れ方には個人差があります。はっきりと反抗期が現れた場合、親は対応にひと苦労ですが、子どもが順調に発達している証としてあたたかく受け入れてあげましょう。

一方、反抗期のみられない子は、親の対応が上手なケースがほとんどですが、なかには発達に遅れが生じている場合もあります。後者の場合、親の期待に添う行動を精神的に強要されているために自己意識が育たず、自己主張（P42）ができていないことが考えられます。反抗期が全くない場合には、子どもへの接し方に問題がないか、見直してみましょう。

●バカにされて怒るのは自尊感情のめばえによるもの

同じころ、**自尊感情**も発達していきます。ボタンを自分で全部はめようと頑張っているところに、「ボタン、うまくはめられないね、ダメね」と声をかけられれば、自尊感情は傷ついてしまいます。反対に、「頑張って」と励ましてあげ、やり遂げたときには「すごいねえ、よくできたね」とほめてあげると、自尊感情が高まります。

「自分はできるんだ」という自尊感情の高まりは、自分を肯定的にとらえることにつながり、人格形成によい影響を与えます。とくに、幼児期に得た自尊感情は人格形成の基盤になるので、その後、うまくいかないことがあっても自信を喪失せずにすむのです。

＊自尊感情
自分を価値のあるものとする感覚、自分に対する関心や誇りなどをいう。自格の形成に不可欠なもの。自尊感情の強さは親の養育態度と深い関係がある。

児童期

子どもが「キレる」のはなぜ？

——自己主張と自己統制

●自己主張ができるかできないかは、母親の育て方による

子どもが3歳くらいになると、ほしいものをねだったり、嫌なものをはねつけたりと、自分の考えや欲求を伝えるようになります。これを「自己主張」とよびます。同じころ、自分の気持ちを抑えて我慢する「自己抑制」も覚えます。「自己抑制」とはおやつを妹と分け合ったり、遊具の順番を待ったり、他者や集団のために我慢することをいいます。

自己主張と自己抑制はバランスよく現れるのが理想的です。文京学院大学の柏木惠子氏によれば、このバランスは母親の発達期待にゆだねられていると言います。自分の意見をはっきり主張するよう子どもに期待すれば自己主張の方が発達し、逆に、素直で従順な子であることを期待すれば、自己抑制の方が発達するというわけです。

●欲求不満耐性が身についていないと、キレやすくなる？

自分がこれをしたいという「自己主張」をもってもうまくいかないという、欲求が満た

■はったつプチコラム■　日本では外国より「自己抑制」が期待される？

塘利枝子氏による研究で、イギリスと日本の教科書を比較した場合、日本の教科書の主人公には自己抑制的な行動がより多くみられることが分かった。

されない状態を「欲求不満」といいます。子どもは泣いたり、騒いだり、何かをぶつけたりして怒ります。3歳を過ぎてことばが発達してくると、ことばで怒りを表現するようになるでしょう。

そんな状況での親の姿勢は重要です。デパートのおもちゃ売り場で「買って、買って」とだだをこねられたとしても、安易にほしいものを与えたりするのはよくありません。欲求不満に耐える力を「欲求不満耐性」といいますが、「我慢しなくてもいいんだ」と思える環境におかれると、その力が養われなくなってしまうのです。事実、ちょっとしたことで「キレる」子は、欲求不満耐性が身についていないともいわれているのです。

ふたつの自己制御機能の発達（柏木、1983）

自己主張が5歳ごろから横ばいになるのに対し、自己抑制は幼稚園や学校での適応を要求される3～7歳ごろまで一貫して伸び続ける。

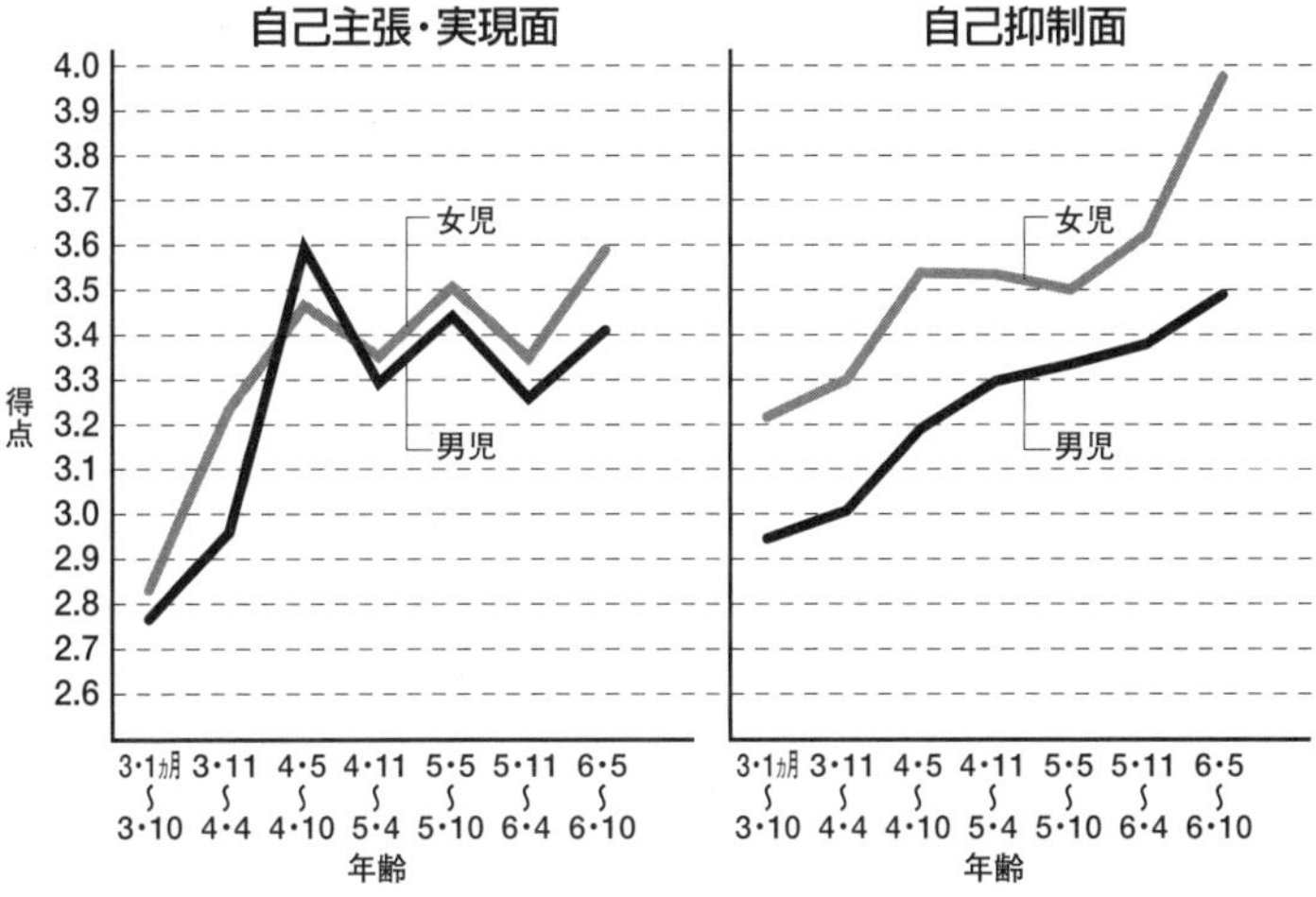

主に幼児期

幼児期のしつけが「自我」を育てる？

●――自我の確立

●アイデンティティの危機は子ども時代に原因がある？

最近はすっかり浸透した「**アイデンティティ（同一性）**」ということば。これは、一般に「自己の存在証明」「人格における同一性」を指していいます。アイデンティティを確立するとは、自分とは何かを心得ること。これを確立することは、生きる意味を知るということでもあり、職業の選択や結婚、宗教などの決定を大きく左右することになります。しかし、アイデンティティを獲得するのは難しく、最近では、青年期になっても獲得できない人――すなわち「自分とは何者か」「自分は何をしたいのか」がわからない人が増え、フリーターの増加などの問題に結びついています。実はこれは、子ども時代に原因があるともいわれているのです。

アメリカの精神分析家エリクソンは、左表のように人生を8つの発達段階に分け、それぞれの段階にすべき発達課題と、課題を達成できなかったときに陥る危機を合わせて紹介しています。それらの課題をクリアしていくことでアイデンティティは確立し、クリアで

＊アイデンティティ（同一性）
エリクソンの唱えた用語で、「自分とは何者か」に対して答えを見つけようとする心の動きをいう。その確立は青年期の大きな課題となる。

世代ごとに課題がある

～エリクソンの同一性漸成図～ (Erikson,1968：鑪訳、1988より)

	第1段階	第2段階	第3段階	第4段階	第5段階	第6段階	第7段階	第8段階
乳児期 0～2歳ごろ	信頼 対 不信							
幼児前期 2～4歳ごろ		自律性 対 恥、疑惑						
幼児後期 5～7歳ごろ			自主性 対 罪悪感					
学童期 8～12歳ごろ				勤勉性 対 劣等感				
青年期 13～22歳ごろ	時間展望 対 時間拡散	自己確信 対 同一性意識	役割実験 対 否定的同一性	達成の期待 対 労働麻痺	同一性 対 同一性拡散	性的同一性 対 両性的拡散	指導性と服従性 対 権威の拡散	イデオロギーへの帰依 対 理想の拡散
成人前期 23～34歳ごろ						親密性 対 孤立		
成人後期 35～60歳ごろ							世代性 対 停滞性	
老年期 61歳以降								統合性 対 絶望

エリクソンは、人生を8つの発達段階に分け、それぞれの過程で達成されるべき課題を示した。

□ 達成されるべき課題

■ 達成できなかったとき陥る危機

きなければアイデンティティを獲得されにくく、健全な発達ができないとしているのです。

まず最初の段階は乳児期にあたり、「**基本的信頼**」という課題を挙げています。これは、子どもが発するサインを母親が受け取り、それを適切に返すことで、子どもの中に母親に対する信頼感を養っていくというもの。このときの母親の態度は安定していて、一貫性があることが望まれます。そしてその後、母親への信頼はさらに広がって、まわりの家族や社会への信頼感を養っていきます。なお、エリクソンはこの時期の危機を「不信」としています。不信に陥っても、信頼が不信よりも多い状態で発達すればよいといえるでしょう。

●2〜4歳には、とくに「しつけ」が大切？

エリクソンは、乳児期の次の段階にあたる幼児前期の課題として、「自律性」を挙げています。「**自律**」とは、たとえば「トイレは使用後に流す」など、自分の意志によって、自分が獲得した規律で自分の行動を制御すること。そのためには、まず規律を学びとることが大切です。そこで、親やまわりの人が規律を子どもに教える、いわゆる「しつけ」をすることになります。ここでいう「しつけ」とは、「トイレは流さなくちゃダメじゃないの！」と親の規範で子どもをしばったり、押さえつけたりすることではなく、「流すものなんだよ」と子どもの自律を助けるもの。子どもは自律性を獲得することで、それまでは

＊**基本的信頼**
エリクソンの唱えた人生初の課題で、子どもの養育者に対する信頼をいう。これを養うには、生後すぐの養育者との関係が安心できるものであることが重要。

親に言われてしていたことを、だんだん自分の意志でするようになるのです。

自分の規律のもと、自分でやるべきことができるようになると、自信がめばえてきます。また、物事を成し遂げた達成感を得たり、さらに、まわりに積極的に働きかけたりするようにもなっていくというわけです。

一方、このころ起こる危機とは、「他人ができて自分はできない」ことに気づき、できないのを恥ずかしく感じるということです。それがやがて、失敗したり叱られたときに感じる道徳的な「恥」に発達していきます。

さらに、5~7歳ごろの幼児後期は、自分で考えて自分で行動するという「自主性」を課題としています。これが達成できないと、「罪悪感」を感じることになります。

Break

国際化社会に対応する? 日米「しつけ」比較論

子どもが夜遅くまでベッドに入らないとき、日本では「絵本読んであげるから」。一方、アメリカでは「寝なさい!」——。これは、小さい子はそっと扱うべきという日本と、子どもは原罪を持って産まれるから親の権威で厳しくしつけるべきというアメリカとの、子ども観の違いから生じるのでしょう。

もちろん、子どもに期待することも違っています。「いい子」の特性を日米の母親で比較した調査(石島・伊藤、1990)では、日本では「基本的生活習慣」「規則を守る」「辛抱・努力」を支持したのに対し、米国では「独立性・リーダシップ」「異なった意見への寛容」が支持されたとか。

日米の企業の社風の違いや採用基準の違いに通じるものを感じますね。

＊自律

自分の行動を制御するにあたって、「しつけ」のように外部からの統制を受けていたものを、自分自身の内的な統制力に変えていく状態をいう。

乳幼児期

喜び、怒り……感情はいつ生まれる?

情緒の分化

●赤ちゃんはなぜ微笑んでいるか

生まれて間もない赤ちゃんを見ていると、ときどき表情をゆるませます。とくに眠っているときにこの微笑みをよく浮かべます。この微笑みを「**生理的微笑**」とよんでいますが、実はこれは、うれしくて笑っているのではありません。内的に快適な状態によって生まれるものなのです。

そして、生後だいたい3カ月めくらいから、生理的微笑がだんだん「社会的微笑」に変化していきます。はじめは生理的微笑だったものが、「あら、ご機嫌ね」などとまわりが応答している間に、だんだん人の声を聞いて笑う、人の顔を見て笑うなど、外的刺激によって誘発される微笑みになるのです。そのように、赤ちゃんが微笑むとまわりの大人たちも「かわいい」と微笑み返し、また、赤ちゃんが微笑むといったコミュニケーションが行われるようになります。

泣くのも同様で、生まれたての赤ちゃんが泣くのは、お腹がすいた、眠いといった生理

＊生理的微笑と社会的微笑
「天使の微笑」といわれる生理的微笑が消え社会的微笑を身につけると、その後はポジティブな気持ちを伝えるコミュニケーションツールとして微笑を利用する。

的な不快のためで、悲しいとかつらいなどの感情からきているのではありません。しかし生後数カ月になると、怒りや悲しみ、恐れなどの感情が生まれ、そのせいで泣くようにもなります。同じ泣くという行為でも、全く意味が違ってくるのです。

●喜怒哀楽はいつ生まれる?

では、人間の情緒はいつごろ、またどのように生まれてくるのでしょう。

生まれたての赤ちゃんの**情緒**は興奮状態を示すかそうでないかという程度で、生後3カ月ころからしだいに分化していくと、K・M・B・ブリッジェスは言っています。そして、2歳までに11種類の情緒が生まれ、5歳までには、大人が持つのと同じ17種類の情緒が全部そろっていきます。

また、L・A・スルウフという研究者によると、最初は「快」「恐れ」「怒り」の3種類の情緒が並行して出現し、それ以後、まわりの情報を自分の中に取り入れてひと

赤ちゃんの心は単純?

生まれたばかりの赤ちゃんは、「快」や「不快」をはじめとする単純な感情しか持っていないとされてきた。

＊情緒
ある出来事が心の中で引き起こす、主観的な変化(感情)、生理的な変化(赤面するなど)、さらにそれが表出したもの(表情)の3つの変化をまとめて情緒という。

喜怒哀楽を身につけるまで
～基本的情緒の発達の例～(スルウフ、1979)

月齢	快・歓喜系	用心深さ・恐怖系	激怒・怒り系	情緒の発達段階
0	内因的微笑	驚き、苦痛	顔を覆う、身体的拘束、強度の不快による苦痛	絶対的刺激防御
1	外に向かう	凝視		
2				外に向かう
3	快		激怒(失望)	積極的感情
4	喜び 活発な笑い	用心深さ		
5				
6				活発な参加
7	歓喜		怒り	
8				
9		恐怖(見知らぬ人を嫌う)		愛着
10				
11				
12	意気揚々	不安 即時的恐怖	怒りっぽい気分 かんしゃく	実行
18	自己感情の積極的評価	羞恥	挑戦	自己の出現
24			故意に傷つける	
36	自尊心、愛		罪悪感	遊びおよび空想

つひとつの情緒を意味づけし、再び外の世界に適応していくという過程を経ることによって、右の表のように情緒が分化していくと説明しています。

●子どもの情緒の発達を助けるには

さて、子どもの情緒の発達を助けるにはどうしたらよいのでしょうか。

それは、「気持ちをなぞる」ことです。気持ちをなぞることで、赤ちゃんは自分の気持ちに気づいたり、親に自分の気持ちが伝わっていると感じるようになるのです。具体的には、赤ちゃんが笑っているときは親は明るい声で話しかけます。赤ちゃんが泣いているときは、最初は赤ちゃんが泣くのに合わせて身体を揺すってあげ、落ち着いてきたら揺するのをだんだん静かにします。

このようにして、他者に自分の情緒をコントロールしてもらうことで、しだいに自分自身でも自分の情緒をうまくコントロールすることができるようになっていきます。

また幼児期には、感情をうまくコントロールできず、自分の中に感情を抑えてしまう子がいます。そんなときは、親はその感情に気づき、名前をつけたり、原因を考えたりして、感情をことばで表す助けをしてあげるといいでしょう。つまり、感情を「わからないもの」から「わかるもの」に変えることで、コントロールすることができるようになるのです。

■はったつプチコラム■ 楽しみ、ワクワク……感情は描く絵にも現われる?
クリスマス前後(12月5日、21日、31日)にそれぞれサンタクロースの絵を描かせるという実験で、子どもが一番大きなサンタを描いたのは直前の21日だった。

乳幼児期

思いやりのこころを育てるには

——愛他行動

●母との絆が深い子ほどやさしい性格になる？

やさしい子に育ってほしい、思いやりをもった子に育ってほしいとは、親ならだれもが願うこと。思いやりは一体、どこから生まれるのでしょうか。

実は「愛情」は、親への愛情から始まっています。母親への愛情から家族への愛情、友だちなどまわりの人への愛情、さらに、いろいろな人に対する思いやりへと発展していきます。つまり、原点にある母との愛着（P64）がきちんとできていることが重要です。

思いやりに近い概念に、「愛他行動」というのがあります。これは、自分の得になるかどうかにかかわらず、他者の利益に貢献しようとすることをいいます。たとえば、電車の中で席を譲る、困っている人を助けてあげるなどは、愛他行動といえます。菊池章雄氏は、「自分自身には何がしかの損失を伴うが他者のためになる行動であれば、自発的になされたものであるかどうかや報酬の有無については臨機応変であってよい」としています。

■はったつプチコラム■　子どもにもってほしい性質No.1は「思いやり」？

内閣府が小学4～6年生と中学生の両親を対象に行った「子どもにもってほしい性質」の調査では全体の63.6％が「思いやり」と答えダントツの№1だった。

●「～しなさい」より「～しようね」でしつける

愛他行動を発達させるためには、「**共感性**」が必要です。共感性とはその人がどういう状況にあって、どんな気持ちでいるのかをその人の立場に立って考え、自分自身もその気持ちを共感するということ。子どもの共感性を育てるためには、子ども自身が愛情を受けて育たなければなりません。つまり、母親との愛着関係が基本になければならないのです。

また、親自身が模範を見せるというのも効果的です。行動は、言葉だけで子どもに指示するよりも説得力があるでしょう。

しつけの面でも、単に「○○しなさい」では、子どもの共感性は芽生えません。たとえば、お菓子を食べているときに隣の子がいたら、「お友だちがお菓子を食べてたら、食べたいよね。半分もらったら、うれしいよね」と話しかければ共感性を育てるきっかけになります。

思いやりを育てる3つのポイント

1 親子の絆を深める

親子の安定した愛着関係（P64）を形づくること、親が温かく受容的な態度で子どもに接することは、子どもの共感性をはぐくむ基盤になると考えられる。

2 親が思いやりのある行動をとる

子どもはモデリング（P182）によって周囲の大人の行動を学習し、自分のものとして取り入れている。そのため、最も身近な大人である親自身が日頃から思いやりのある行動をとることが大切。

3 誘導的なしつけをする

共感性を引き出すのは、「～しなさい！」という断定的なしつけや賞罰を与えるようなしつけよりも、子どもの行動を誘導するようなしつけ。「～だから、～しようね」と状況を説明してあげるとベター。

＊共感性
他者の感情、思考、態度などをくみとり、自分も同じ感情状態になること。研究者ホフマンによれば、共感性は援助行動などを動機づける要因になるという。

行為障害

C A S E S T U D Y

●冷えた家庭環境が攻撃性を増長させて……

Aくんが幼稚園に入ったころ、両親の仲に亀裂が入り始めました。そのときから、父親は小さなことでAくんに「体罰」を施すようになりました。幼稚園の年長児になったころ、Aくんは周囲の友だちに噛み付いたり保育士に殴りかかるなど、攻撃的で反社会的な行動を見せるようになったのです。小学生に上がったころ、両親が離婚。そのころになると格闘ゲームに没頭し、学校をズル休みするようになりました。そして10歳のころ、母親がAくんの部屋からナイフ数本と飼っていたハムスターの死骸を発見し、医療機関を受診した結果、小児発症型の行為障害と診断されました。

▼心に大きな劣等感と攻撃性を秘め反社会的行為をくり返してしまう

少年犯罪が次々に起こった20世紀末〜21世紀初頭、「キレる子ども」がさかんにマスコミを賑わせました。そのころ「行為障害」という名前を耳にした人も多いでしょう。

行為障害とは、幼児期から青年期にみられる障害のひとつです。他人や動物などに危害を加えたり、規則に違反するなどの反社会的行為をくり返すとき、行為障害と診断されます。10〜15歳くらいで発症するのが一般的ですが、5、6歳から発症するケースもあり、「小児期発症型」と「青年期発症型」の2種類に分類されます。

小児発症型の場合、同世代の子どもともうまくつきあえず孤立した状態で、反社会的な

■はったつプチコラム■　行為障害やADHDは男児に多い？

行為障害の発症頻度は男児の方が多く、女児の約2倍以上。同じくADHDや自閉症、アスペルガー障害など、脳の障害が影響する発達障害では、男児のほうが発生頻度が高い。

行為をくり返します。内に秘めた攻撃性が、凶器の使用や動物への虐待となって現われることもあります。このケースは「**反社会性人格障害**」に進展することが多いため、慎重に配慮しなくてはなりません。

行為障害の要素をもつ子どもは強がって見えますが、内心は大きな劣等感を抱いていることが多いようです。その葛藤を、反抗的な行動以外に表現できるよう、まずは家庭に話しやすい土壌をつくってあげることが先決でしょう。

脳の機能障害に加え家庭環境、社会環境が原因となる

行為障害の原因には、脳の機能障害が影響していると考えられています。

とはいえ、環境的要因も大きく影響しています。親の養育的関わりの欠如や、緊迫した家庭環境が問題行動を増長することは忘れてはならない事実です。

さらに、身体的あるいは心理的な虐待経験や暴力的なメディアの影響との関係も唱えられています。

攻撃性は弱い相手に向かう

行為障害の行動例

「過度のけんかやいじめ」「動物や他人への残虐行為」「所有物へのひどい破壊行為」「放火」「盗み」「くり返しうそをつくこと」「学校のズル休みと家出」「たび重なるひどいかんしゃく」「反抗的で挑戦的な行動」「持続的で激しい反抗」などが６カ月以上持続する。

＊反社会性人格障害

罪悪感を持つことなく、犯罪行為をくり返してしまう人格障害。攻撃的で他人を思いやることができず、社会的なルールを守ったり自分の欲望を抑えられないなどの特徴を持つ。

キーワード

【児童虐待】

児童虐待による悲惨な事件がマスコミを賑わせている。虐待が子どもの発達に及ぼす深刻な影響とは、どのようなものだろうか——。

児童虐待の増加率は10年間で約16倍？

平成12年の虐待《ぎゃくたい》に関する相談件数は1万7725件（厚生労働省発表による）。10年前の約16倍にあたります。この増加の影には、子どもの人権に対する意識の高まりや児童虐待への理解の広がりがあるにせよ、やはり異常な数字であることに変わりません。

「児童虐待の防止等に関する法律」では児童虐待の定義として次を挙げています。

一、児童の身体に外傷が生じ、または生じるおそれのある暴行を加えること

二、児童にわいせつな行為をすること、または児童をしてわいせつな行為をさせること

三、児童の心身の正常な発達を妨げるような著しい減食または長時間の放置、その他保護者としての監護を著しく怠ること

四、児童に著しい心理的外傷を与える言動を行うこと

なかでも割合が多いのは、一の身体的虐待と三の放置ですが、これは親が黙っていても他人の目につきやすい傾向にあります。しかし、性的虐待や心理的虐待は表面化しにくく、長期化しやすいのです。

虐待された子どもの心のゆくえとは？

児童虐待が大きな社会問題となっている理由のひとつとして、虐待経験が、発達途上の子どもの心身に消せない傷

跡を残すことが挙げられます。

虐待という大きなストレスは、子どもの脳の構造や機能に障害を与え、身体発達や知的発達の遅れ、愛着の障害、PTSD（外傷後ストレス障害）、反社会行動などさまざまな影響を残してしまいます。さらに、虐待された子どもによくみられるのが「解離《かいり》」です。解離とは、ストレスから自分を守るためのいわば心の防衛反応で、意識や記憶、人格の一貫性などが一時的に失われる状態をいいます。いわゆる多重人格（解離性同一性障害）は、解離が何度も起こることで人格が一貫性を保てなくなるために起こるのです。

虐待はスパイラル式にくり返されやすい？

――問題は成熟していないまま親になること？

幼児虐待の増加の影には、子どもを持つ心構えがないままに親となった、未熟な親の増加があると考えられます。子育ては誰でも思いどおりにいかないことばかりですが、未熟さゆえにそれを理解できず、泣く子にいらだって虐待に走ってしまうのです。はじめての育児に対する不安やシングルマザーのもつ孤独感、経済的困難なども虐待の要因になるとされています。

また、虐待する親には、自分も虐待された経験のある人が多いといわれます。すなわち虐待は連鎖となってくり返されるということ。一般に虐待している親はその事実を認めない傾向にありますが、この連鎖を防ぐためにも、隣人や学校関係者など周囲の大人が虐待のサインを見逃さないことが大切といえるでしょう。

発達子ども相談室①

おねしょが治らない

**うちの子は6歳になる女の子ですが、
いまだにおねしょをします。
夜は飲み物を与えないようにしているのですが、
一向に治る気配がありません。
もう小学生なのにと思うと、
ついつい叱りつけてしまいます……。**

**「叱らず」「あせらず」「起こさず」が対策の基本。
子どものおねしょは自分では制御できないので
コンプレックスにならないように、温かく見守って。**

おねしょのことを夜尿《やにょう》といいますが、実は「毎晩あるいは時々夜尿がある子ども」は5～6歳児でも約15％いるそうです。おねしょは、なぜ起こるのでしょうか。私たちの体には、尿の生産を抑える「抗利尿《こうりにょう》ホルモン」が分泌されています。この働きによって寝ている間は長時間トイレに行かずにすむのですが、おねしょが治らない子の場合、たいていはこのホルモンの分泌が成人型に近づくのが遅いのです。つまり、多くは発達の個人差によるもので心配のないものです。

むしろ、おねしょを叱ることで子どもが劣等感を抱くことが心配です。よく夜尿のある子は内気といわれますが、これは夜尿が直接影響するというよりは、夜尿があるというコンプレックスによると考えられます。おねしょの生活指導は「叱らず」「あせらず」「起こさず」（＝夜中に起こしてトイレに行かせるとかえっておねしょが固定する）。この3つを忘れず大目に見守ってあげてください。また学校の宿泊行事も参加させましょう。同行の先生にあらかじめ夜尿を知らせておけば心配ありません。

ただし10歳を過ぎても夜尿が治らない場合は、他の原因で起こっていることもあるため、小児科を受診しましょう。

第2章

「対人能力」を育てる環境

〜社会性の発達〜

最近は、社会のあらゆる局面において、
対人能力が何より重視されるようになってきています。
子どものコミュニケーション能力を育てるには、
一体どのような条件が必要なのでしょうか。

乳幼児期

「授乳」で対人能力の基本ができる？

●—母子相互作用

●赤ちゃんには「人と関わりたい」という本能が備わっている？

人間の赤ちゃんは、一番高等な哺乳類であるにもかかわらず、生まれてくるときは、馬の赤ちゃんや牛の赤ちゃんに比べるとはるかに未熟な状態です。このことから、心理学では「**生理的早産**」と呼んでいます。

たとえば、馬の赤ちゃんは、生まれて10分や15分経てば自分の足で立ち、歩いてお母さんのおっぱいを吸いに行きます。

一方、人間の赤ちゃんは立って歩くどころか何もできず、だれかのそばにいないと生きていけません。そのため、人間の赤ちゃんはだれかと接近接触を求める本能をもっているのです。そして、おなかがすいたとき、オムツが濡れて不快なとき、大きな音で驚いたときなど、不快な状態のたびに接近接触を求めます。

接近接触の手段として、赤ちゃんはシグナルを発します。シグナルといえば、特別なもののようですが、実は泣いたり、微笑んだり、「ウーウーウー」と声を出したりすること

＊生理的早産
ポルトマンによれば、人間は大脳の発達が著しく、十分に成熟してから生まれることは体のサイズからして無理。そこで、約1年早く生まれているのだという。

が赤ちゃんにとってのシグナルなのです。そして、シグナルを発することで、まわりの人にさかんに接近接触を求めているのです。

母親では、赤ちゃんからのシグナルを受けて、語りかけを行います。赤ちゃんが泣いていれば、「どうしたの、どうしたの？　オムツじゃないよね、おっぱいかな」と語りかけるでしょう。赤ちゃんが微笑んでいれば、母親は「あら、ごきげんじゃないの」などと言って、相手をしたりします。また、赤ちゃんが「ウーウー」と言うと、「あら、おしゃべり上手ね」などと語りかけるでしょう。

シグナルを見のがさないで

お腹がすいた
痛い
びっくりした
怖い
気持ちが悪い

泣き声は赤ちゃんのシグナル。上のようなさまざまな意味が含まれていることも。

もともと赤ちゃんは女性の高い声が大好きですから、母親の声は赤ちゃんにとってとても心地よく、いい気持ちにさせてくれます。

このように、赤ちゃんのシグナルに反応して親が語りかけることによって、赤ちゃんはやがて、「この人、大好きだなあ、この人といたいなあ」と、ある特定の人に特別の感情をもつようになるのです。これが、愛着（P64）につながっていきます。

■はったつプチコラム■　赤ちゃんはなぜかわいい？

愛着理論を唱えたボウルビィによると、赤ちゃん独特のふっくらしたからだつきや反射行動は、親の好意や庇護欲求を触発するために備わっているという。

●語りかけが親子の絆を育てる

一方の人が体を動かしながら話すと、聞き手の方も話し手と同じように体を動かすというような現象を「同期行動」といいます。

アメリカの実験によると、その同期行動がすでに新生児に見られたと報告されています。赤ちゃんに談話、母音の連続音、打叩音を聞かせたところ、談話にだけ同調して体を動かしたというのです。

つまり、赤ちゃんは、人間のことばに反応するコミュニケーションの基礎能力を持って生まれてくることが証明されたのです。

「語りかけ」はリズムが大切
〜応答的母親と乳児の相互交渉〜（Brazeltonほか、1974）

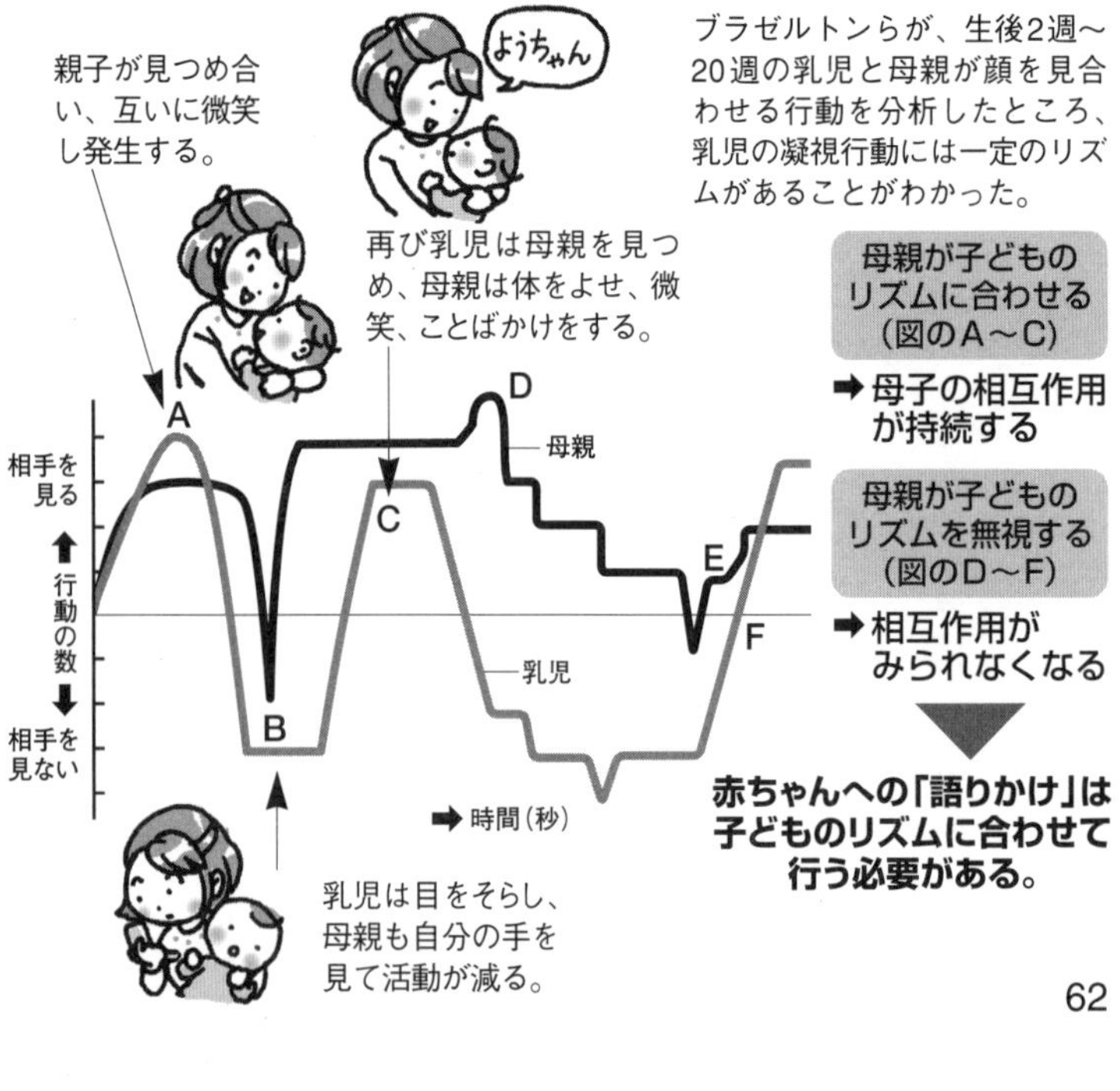

ブラゼルトンらが、生後2週〜20週の乳児と母親が顔を見合わせる行動を分析したところ、乳児の凝視行動には一定のリズムがあることがわかった。

●相互作用は社会的交渉の第一歩

赤ちゃんはそういった「語りかけ」に反応する能力を使って、母親との**相互作用**を行います。たとえば、目と目を合わせて話しかけたり、子どもの体を触りながら話しかけると、子どもは体を動かして反応します。母親は反応する子どもをかわいく思い、さらに語りかけを行うといった相互作用が生まれているのです。

母乳も相互作用のひとつで、子どもの泣き声に反応して母親側では母乳が分泌され、その母乳を子どもが吸い、それによって母乳の分泌を促すホルモンが分泌され、さらに母乳が出てくるといったしくみになっています。

相互作用についてはリズムがあると、ブラゼルトンはいっています。それは、母親と赤ちゃんが見つめ合うリズムについての調査結果によるもので、赤ちゃんはある一定のリズムによって母親を見つめたり目をそらしたりしているというのです（右図）。そして、赤ちゃんのリズムに沿って母親が顔を見合わせると相互交渉がうまくいき、逆に、母親がこのリズムに合わせないでいると、相互交渉は持続しないということがわかりました。

このように、母親の側が適切に赤ちゃんのリズムに合わせることで、健全な相互作用が行われ、その相互作用を積み重ねることで、深い愛着を築くことになるのです。

＊相互作用
働きかけとその応答のこと。すべての社会的な交渉の基本となる。健康な赤ちゃんは、相互作用を始めるための潜在的な能力を生まれつきもっている。

乳幼児期

愛着の発達

安定したこころの成長に不可欠なもの

●対人能力の基礎となるのは「愛着」

生後6カ月を過ぎるころから、赤ちゃんは、ある特定の人だけに特別な態度を示すようになります。たとえば、赤ちゃんが母親と一緒にいて、そこに隣のおばさんが遊びにきたとします。しばらく3人でいたあとで、隣のおばさんがトイレに行って姿が見えなくなっても、赤ちゃんは平気です。しかし今度はお母さんがトイレに行って見えなくなると、泣き出してしまいます。

これは特定の人に対して愛情を形成している証拠で、「**愛着**」または「アタッチメント」と呼んでいます。最初に愛着の考えを提示したのはボウルビィという研究者で、「ある特定の人間もしくは動物と、他の特定の人間もしくは動物との間に形成されている情愛のきずな」と定義しました。

この、特定の人とはたいていの場合母親で、赤ちゃんの最初の愛着の対象となります。ボウルビィによると、形成された愛着は左のような4つの段階を経て発達していきます。

＊**愛着（アタッチメント）**
エインズワースによると、愛着の特色は①愛情を暗に含む②特異的、弁別的③観測可能④主体的な過程であって受動的ではない⑤二方向的な過程、である。

「愛着」はどのように発達していくか

第1段階 [～生後12週] 初期の愛着段階

主な行動

・動いている人、話している人を誰かれとなく見る。

・近くにいる人に手を伸ばしたり、微笑したり、「ウーウー」と話しかける。

子どもの状態

・母親と他人の明確な区別ができていない。

第2段階 [生後12週～6カ月] 愛着形成段階

主な行動

・母親があやすほうが機嫌がいい。

・母親と他人の両者がいても、母親の方をよく見る。

子どもの状態

・母親と他人との区別ができるようになってきている。

第3段階 [生後6カ月～2、3歳] 明確な愛着段階

すぐ戻るからね

主な行動

・母親がそばを離れようとすると、泣き叫んだり、後を追う。

・泣いていても、母親が抱き上げると泣きやむ。

子どもの状態

・母親への明確な愛着を形成。

・愛着の対象が、父親やきょうだいへも広がる。

第4段階 [生後2、3歳～] 目標修正的協調関係

ちょっと
お留守番しててね
行ってらったーい
えほん

主な行動

・母親と少し離れても、安心して過ごせる。

子どもの状態

・認知能力（P140）が発達し、母親の感情や行動目的を推測できるようになる。

生後3カ月ごろまでは愛着の形成はされておらず、母親と他人の区別がまだできていません。母親がそばにいても、また、他の人がそばにいても同様の反応を示す段階です。それが生後3カ月を超え、第2段階に入ると、母親があやすとよりご機嫌になったり、母親の方を頻繁に見たりといった**愛着行動**をとるようになります。

さらに生後6カ月から2、3歳ごろに訪れる第3段階では、母親がいなくなると泣き出したり、泣いているところを他の人があやしても泣きやまないのに、母親が抱き上げるとすぐにニコニコするといった反応を示すようになります。これは、母親への明確な愛着が形成された証拠。このころは、母親への接近や接触を強く求めます。やがて、母親以外のまわりの人にも愛着の対象を広げていきます。

そして、2、3歳以降になると、今度は、母親が目に見えるところにいなくても安心していられるようになります。これは認知能力（P140）の発達と大きく関係していて「母親がいないのは、あのためなんだ」と母親の感情や動機を想像することができ、安心していられるのです。

●安定した愛着関係が子どもの対人能力を伸ばす

乳幼児期に形成された愛着は永続的なもので、一生維持できるものといえるでしょう。

＊愛着行動
愛着を示す行動のことをいう。母親がそばを離れるとぐずり始めたり、見知らぬ人を怖がって母親の元に駆け込むのも、愛着行動のひとつといえる。

さらに、ボウルビィは、「赤ちゃんは、まずひとりの特定の人への愛着が形成されなければならない」といっています。特定の人とは、たいてい両親。親への愛着が築ければ、それを基盤として、やがて祖父母、きょうだい、仲間といった、親以外のまわりの人にも愛着の対象を広げていくことができるのです。それがひいては子どもの対人能力を養うことにもつながるのです。

実際、児童期に入ると、家族だけに向けられていた愛着が仲間にも向けられて友だちを大切にするようになります。さらに、青年期に入るとその傾向が強くなり、同性の仲間と親密につきあうことができるようになります。

そのような経験を経て、人との信頼関係を築き、複数の人とうまくつきあうことのできる大人へと成長していくのです。

Break

愛着の形成　パパではママの代わりになれない？

かつて赤ちゃんの愛着は母親との関係から始まり、そこから父親などに派生するものという考えが一般的でした。

しかし、ラムという研究者は複数の家庭を調査し、生後7～13カ月の子どもがその両親および訪問者の3人に対してどんな愛着行動を見せるかを観察しました。結果、父母に対する愛着行動には差がないことがわかりました。

また、メインという研究者がストレンジ・シチュエーション法で、父母への愛着を別々に測定した結果では、父母のどちらかに強い愛着を示し、どちらかには不安定な愛着を示した子どもが多くいました。ここから、子どもの愛着は父母が補いあっていることが考えられます。父親も十分に子どもの最初の愛着の対象となりうるのです。

乳幼児期

「人見知り」は親を信頼している証拠？

——愛着のパターン

●愛着にも「質」がある？

母親に虐待されて育った子どもは、母親に対して愛着を形成しているでしょうか。

実は多くの場合、答えはイエスです。しかし、その愛着は健全ではありません。つまり、愛着が形成されても、それが「健全な愛着」であるか「健全でない愛着」であるかが重要なのです。そういった愛着の質を調べる実験が、「**ストレンジ・シチュエーション法**」です。

ストレンジ・シチュエーション法は、左のような8つの場面をつくって、満1歳の赤ちゃんがそれぞれの状況でどのような行動をとるか観察します。一番最初の場面では、母親と赤ちゃん、実験者がいて、その後、実験者は退出します。それから場面は3分ごとに変わり、見知らぬ人が入室する、見知らぬ人が残ってお母さんが退出、見知らぬ人が退出して母親が戻る、母親も退出、見知らぬ人だけが入室、再び見知らぬ人が退出して母親が入室と移ります。実験結果から、赤ちゃんはA～Dの4つのグループに分けられました。

まず、B群は「安定群」ともいわれるもので、健全な愛着ができているグループ。母親

＊ストレンジ・シチュエーション法
愛着の有無やその質を捉えるためにエインズワースによって考案された方法。1～1歳半の子どもに用いられ、父親との愛着関係をみるのにも使われる。

愛着の「質」をみる
〜ストレンジ・シチュエーション法〜（繁多、1987）

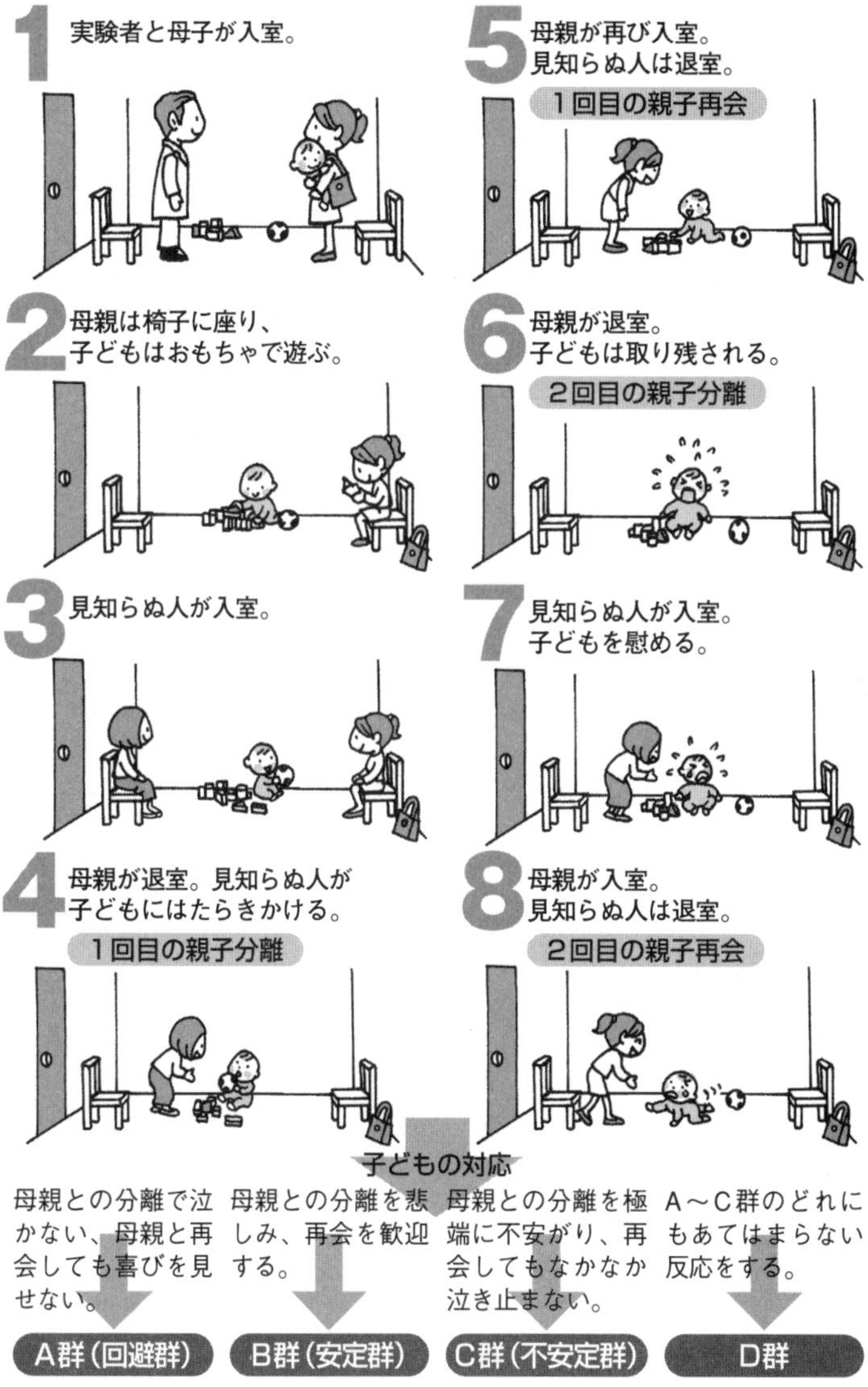
1 実験者と母子が入室。
2 母親は椅子に座り、子どもはおもちゃで遊ぶ。
3 見知らぬ人が入室。
4 母親が退室。見知らぬ人が子どもにはたらきかける。
1回目の親子分離
5 母親が再び入室。見知らぬ人は退室。
1回目の親子再会
6 母親が退室。子どもは取り残される。
2回目の親子分離
7 見知らぬ人が入室。子どもを慰める。
8 母親が入室。見知らぬ人は退室。
2回目の親子再会
子どもの対応
母親との分離で泣かない、母親と再会しても喜びを見せない。
A群（回避群）
母親との分離を悲しみ、再会を歓迎する。
B群（安定群）
母親との分離を極端に不安がり、再会してもなかなか泣き止まない。
C群（不安定群）
A〜C群のどれにもあてはまらない反応をする。
D群

と一緒にいるときには、母親に声をかけたりそばへ行ったりします。そして、母親がいなくなり見知らぬ人とふたりきりにされると泣きます。けれど、母親が戻ったら、すぐに慰められてまた遊ぶという行動を示します。これは母親を**安全の基地**とみている証拠です。

ところがA群では、母親といても2人でいるという感覚ではなく、ひとりでいるかのように母親を無視し、母親に近づきません。母親がいなくなってもまったく泣かず、帰ってきても歓迎行動をしません。「回避群」と呼ばれるグループです。

C群は「不安定群」で、A群とはまったく逆の行動をとります。母親と一緒にいる場面ではそばから離れず、接近接触を多くします。そして、母親が退出すると、パニック状態になって泣きます。母親が帰ってくると歓迎はしますが、右手ではしがみつきながら、左手は母親をたたくといった行動を示します。母親を求める気持ちと憎む気持ちが一緒にあるのでしょう。母親を信頼していないように思われます。

D群については判断が難しく、A群のように無視する行動をとったり、顔をそむけながらも母親に近づいたりします。行動が一貫していないグループと言えるでしょう。

●赤ちゃんは人見知りしたほうがいい?

B群の赤ちゃんのように、母親がいなくなったり、見知らぬ人に会うと不安になって泣

＊安全の基地
子どもが不安や不快に遭遇したとき、避難港として傍に戻ってこられる人物(主に母親)をいう。子どもは安全基地を持つことで、外界の探索活動ができる。

お母さんは安全の基地

知らない人に会ったとき、慌てて母親の後ろ（安全の基地）に隠れる子ども。しばらくすると、基地を出て探索行動をすることも……。

き出すというのは、母親への愛着がきちんとできている証拠。赤ちゃんによく見られる「**人見知り**」は、母親を「安全の基地」とした信頼関係ができているからこそするものなのです。信頼関係ができていない見知らぬ人に対しては、不安な気持ちを持っているということの表れとも言えます。

　それでは、人見知りをしない子は心配かと言うとそうとはかぎりません。人見知りにも大きく反応する子と小さく反応する子があり、反応の弱い子の場合、子どもが人見知りしているのを母親が見逃していることもあるからです。

●愛着の形成がうまくいかないのはなぜ？

　では、A群やC群の赤ちゃんたちは、どんな心理でいるのでしょうか。

赤ちゃんは一生懸命母親にシグナルを送ったのですが、ほとんど応答されなかったのでしょう。「それでも、ハイハイができるようになったら、お母さんのところに行ってしが

＊人見知りと8カ月不安
生後5カ月～12カ月ごろの乳児にみられる、見知らぬ人に対する拒否的な反応をいう。生後8カ月ごろ最も顕著に見られるため「8カ月不安」ともいわれる。

みつこう」と接触を求めました。シグナルに応答してもらおうと、母親のひざに突進していったでしょう。でも、母親は拒否してしまったのではないかと考えられます。そういう経験を重ね、求めて拒否されることほど悲しいことはないと学習します。悲しみを味わわなくてもすむように、母親を求めないようにしよう、となったわけです。

デパートなどで頻繁に迷子になる子どもがいます。実は、A群の赤ちゃんが2歳くらいになると、迷子になりやすいといわれています。そして、普通は迷子になると不安で泣くものですが、A群の子どもは平気でいることが多いのです。これは、「泣いて求めても、どうせお母さんは助けに来てくれない」と無意識に考えているからでしょう。

C群の赤ちゃんの中には、母親を信用できない気持ちが存在しています。B群の赤ちゃんなら「いつ何どきでも自分を守ってくれる」というイメージを母親に持っているので心が安定しているのですが、C群はそうは思っていません。母親が信用できないので、必要以上にしがみついたり、怒ったりといった行動をとるのです。

●健全な愛着を作るために、母親はどうすればいい?

誰でも自分の子をB群の安定群にしたいと思うのは当然でしょう。では、そのために母親は赤ちゃんにどう接したらよいのでしょうか。

■はったつプチコラム■　赤ちゃんのとき、愛着の質に問題があったとしたら?

1歳のときにA群とされた子どもでも、まわりの努力次第でB群に変わる可能性もあり、年齢が小さければ小さいほどその可能性は高くなるという。

愛着を研究したエインズワースは、赤ちゃんの生後1年間の観察とともに、その母親たちの行動も観察しています。この結果、B群の赤ちゃんの母親は他の群の親より、子どもが発するシグナルに敏感に適切に応答していることがわかりました。また、愛情のこもった「抱き」も多く見られています。受容的に赤ちゃんを育てていたのです。

逆に、A群やC群の赤ちゃんの母親は、シグナルを無視したり、気づかなかったり、かなり遅れて反応していたのです。また、とくにA群の母親については、子どもを抱くことが少なく、子どもとの身体的な接触を嫌がることもありました。つまり、母親が子どものシグナルを敏感に受け止め、それに正しく応答し、母親自身も喜びをもって子どもと接することが健全な愛着を形成するための条件といえるでしょう。

Break

夫婦関係・恋人関係がうまくいかないのは愛着に問題がある?

安定した愛着関係を持てるかどうかは、大人になってからの人生にも影響します。実は、健全な愛着を持っているか否かが、男女関係にまで影響してくるという説もあるのです。

たとえば、相手と離れると、不安になり、何度も電話をかけては、浮気をしていないか確認してしまうのは、C群に値するタイプ。また、本当は相手に関心があるのに、相手が心理的に接近してくると逃げ出そうとしてしまう、これはA群にあたるタイプです。

思い当たるところのある人は、これを機会にパートナーとの関係を見直してみては。安定型の愛着関係を目指すには、お互いが相手のシグナルに敏感になること、愛情のこもった「抱き」などが効果的です。

■はったつプチコラム■　日本の子どもは最も安定した愛着を築いている?

日本、アメリカ、ドイツの3国でストレンジ・シチュエーション法を行い、愛着のタイプを調べたところ、B群の子どもは日本が最も多く、逆にA群はドイツが最も多いことがわかった。

主に乳幼児期

保育園児はもっと親と接触したい？

——愛着の発達と環境

●母親と一緒にいる時間が少ない保育園児はかわいそう？

保育園児は日中母親と離れて生活し、接触できるのは朝晩だけ。また、母親と保育士という複数の人に育てられ、集団で生活するという状況にあります。そう考えると、家庭で母親と一緒に過ごしている赤ちゃん（家庭児）と比べて、愛着を築くという点では不利な印象を受けます。実際、保育園児は安定した愛着を築きにくいのでしょうか。

愛着について保育園児と家庭児を調査した結果によると、「母親にくっついて接触を求める」「母親がいなくなると泣く」「母親が戻ると大喜びで歓迎する」といった行動については、保育園児の方が活発であることがわかりました。逆に活発でなかったのは、「母親から離れてひとりで遊ぶ」といった行動でした。

この結果から、保育園児の中にはやはり、「もっとお母さんと一緒にいたい」という欲求不満があると推測できます。欲求不満があるとはいっても、愛着の形成そのものに問題は全くありません。さらにいえば、限られた時間の中でできるだけ子どもと遊んだり、相

■はったつプチコラム■　赤ちゃんには一定の養育者が必要不可欠？

1900年頃、乳児院などで集団で育った子どもは、死亡率が高いことが報告された。乳幼児期には、親（または代理者）との安定した関係が不可欠といえる。

互作用しようとする母親の子どもは、欲求不満の傾向はありません。つまり、一緒にいる少ない時間をどのように子どもと接するかが大事なのです。

●保育園児の方が人見知りする

母親と保育士という複数の人が子どもを養育する「マルティプル・マザーリング」についても、とくに問題はなさそうです。保育士を最初の愛着の対象として、次に母親に広げるという子どももいますが、特定の人に愛着を築いているのであれば、心配ありません。

「保育園児は人に慣れているから、人見知りしない」とよくいわれますが、実験によると、逆であるとわかりました。見知らぬ人に会ったとき、保育園児の方がより母親にくっつこうとするわけです。保育園児は保育園と家庭間の往復しかないため、日中、いろいろな人が出入りする家庭児よりも人に慣れていないということが原因のひとつではないかと考えられています。

保育園児は甘えたがり？
～母親への接近、接触～

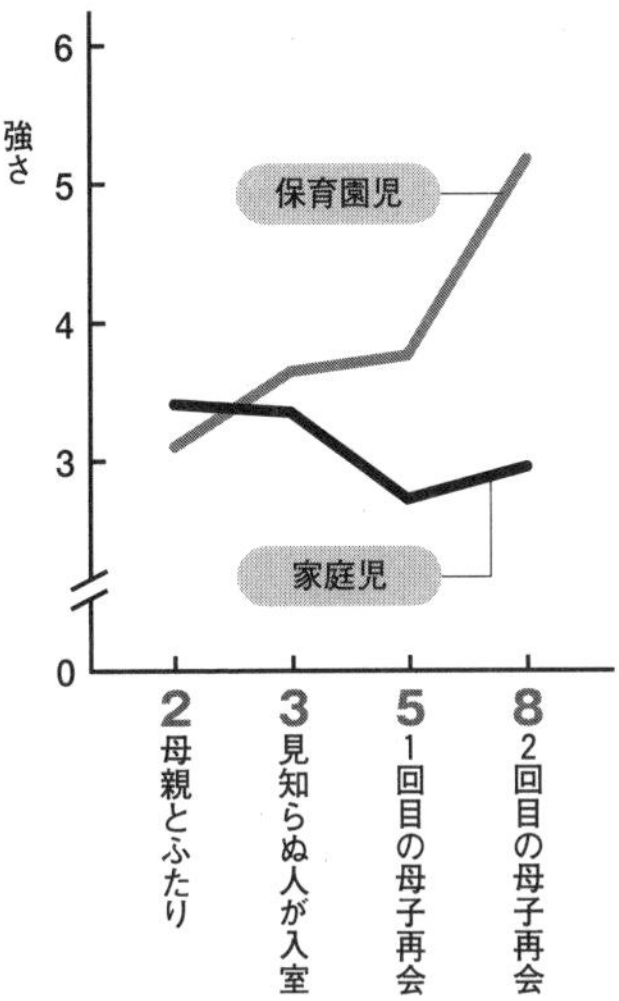

ストレンジ・シチュエーション法（P69参照）

■はったつプチコラム■　保育園児は、10年で30万人増えた
女性の社会進出が進み、近年、保育所を利用する家庭が急増している。平成15年の保育所児童数は192万591人、10年前と比べ30万人以上の増加となる。

乳幼児期

●表情とコミュニケーション

母親はニコニコしていた方がいい？

●母親がニコニコしていると、子どもの心は安定する？

笑っている赤ちゃんを見て、母親は「楽しいの。よかったね」と言いながら、同じように楽しそうな表情をするという光景を目にします。そんなふうに、赤ちゃんは母親の表情を見て、「自分は楽しいんだ」と自覚し、また、「お母さんも自分と同じように楽しいんだ」と感情を共有しているのだとわかってくるのです。

赤ちゃんが悲しいとき、驚いたときも同じで、母親が同じような表情をすることによって、赤ちゃんは感情を自覚し、母親との感情の共有を感じます。このように、表情は感情と密接な関係にあり、表情によっても、赤ちゃんと母親は相互作用（P63）を行っています。

つまり、赤ちゃんと表情豊かに接することが大切なのです。とくに喜びの表情は大事。それは、表情に対応した感情が引き起こされるからで、ニコニコした表情からは、うれしい気持ち、楽しい気持ちが引き起こされます。母親がニコニコして赤ちゃんに接していれば、赤ちゃんも自然とうれしい気持ちになっていくというわけです。

■はったつプチコラム■　赤ちゃんには「マザリーズ（母親語）」で話しかけよう

乳幼児に話しかけるときの発話パターンは普段より高い声、抑揚が大きい、テンポが遅いなどの特徴を持ち、子どもの注意をより強くひきつける効果がある。

ママの表情で危険を察知
～視覚的断崖を用いた実験～ (Sorceほか、1985)

実験 下図のような断崖ごしに、母親がさまざまな表情を向ける。ガラス張りの床を這って、子どもが母親のほうに歩みよるかどうかを見る。

結果

母が恐怖の表情をした場合

↓

這っていく乳児はひとりもいなかった。

母親が微笑んだ場合

↓

約74％の乳児が這っていった。

●表情だけで赤ちゃんとコミュニケーションできる

母親の表情が赤ちゃんにどう影響するかを調べた「視覚的断崖《だんがい》」という実験があります。これは、1歳程度の赤ちゃんを上図のような場所におき、母親はいろいろな表情をするというものです。その結果、母親がニコニコしていれば赤ちゃんはつき進み、母親が恐怖の表情をすると赤ちゃんは止まりました。どう行動したらよいかを、信頼する母親の表情によって判断しているのです。これを「**社会的参照**」と呼んでいます。これは日常生活でも見られます。赤ちゃんが母親と一緒にいるときに、近所のおばさんが来たとします。母親が楽しそうな表情をしていれば、「この人は安心なんだ」と理解するというわけです。

＊社会的参照（他者への問い合わせ）
自分で判断できない状況に陥ったとき、他人の反応を見て、それに従って行動すること。母親の表情による社会的参照は、0歳後半～1歳に見られる。

自閉症

C A S E S T U D Y

●手のかからない子と思っていたけど……

3歳を迎えるBくんは、おとなしい赤ちゃんでした。自分から抱っこを求めることもなく、人見知りもなく育ちました。1歳半を過ぎるころ初語が出たものの、すぐに消えてしまい、その後は話しかけてもオウム返しをするだけで会話らしい会話ができません。「Bくん」と話しかけてもはっきりした反応を示さず、まわりの様子に関心はないようです。偏食がひどく、ときどき横目をします。ミニカーが大好きで、何時間でも車輪を回して遊んでいます。ミニカーを並べる場所はつねに決まっていて、母親がそれを片付けようとすると、パニック状態になり暴れまわります……。

内気で引っ込み思案、家にこもりがちな人を「自閉症だ」ということがありますが、これは大きな間違いです。

自閉症（自閉性障害）とは、脳の機能障害によって起こる発達障害です。これは生得的な障害であり、性格的なものではありません。また、親の育て方や家庭環境とも関係はないのです。

自閉症が脳のどの部位の障害で起こるかなど、詳しいメカニズムは解明されていません。自閉症かどうかは、行動特徴から診断されます。診断の基準となるポイントとしては、次の3つがあります。

①対人関係に問題がある

呼びかけても反応がほとんどなかったり、目が合うことが少なかったりします。ひとり

＊自閉症
同じ行動特徴をもつアスペルガー障害（P106）と並んで「広汎性発達障害」、あるいは「自閉症スペクトラム障害」と総称されることもある。

遊びを好み、他人に興味をもちません。

②言語、コミュニケーションに問題がある

ことばが全く出ない場合も少なくありません。そうでなくとも、言語発達全般が他の子よりかなり遅れていたり、相手のことばをオウム返しするだけだったりします。

自閉症の行動特徴の一例

（萩原、1997より作成）

人の輪に混じることができない
オウム返しやひとりごと、奇妙なことばを使用

手をヒラヒラさせる
こま回り
パターン化した遊び

③興味に偏りがある、こだわりが非常に強い

特定のものに異常に執着します。同じおもちゃ、同じ本を手放さず、取り上げようとするとかんしゃくを起こしたりします。また、ぐるぐる回ったり、身体を前後に揺らすなど同じ行動（常同行動）を常にくり返し行う傾向があります。

また、自閉症の子どもの約7～8割は、知的な遅れをあわせもちます。しかし、知的障害のない「高機能自閉症」の子もいます。

自閉症児をもつ親の多くは、2歳半～3歳までに異常に気づくようです。ただし、こだわりやオウム返しは障害のない子にも見られるため、診断には専門家の力が必要です。

■はったつプチコラム　自閉症を世界に知らしめた映画『レインマン』

重度の自閉症である兄と自由奔放な弟の心の交流を描き感動をよんだ1989年公開の映画。D・ホフマン演じる兄は、天才的な記憶力と計算力を有している。

主に児童期

家庭環境の変化①

核家族だと人づきあいが苦手になる？

●人間関係の単純化が最大の問題？

漫画「サザエさん」が日本の家庭の典型的なスタイルとして描かれたのは昭和初期のこと。サザエさんの家庭は7人家族ですが、これは21世紀の日本において例外的な数といわざるを得ません。調べによると、世帯の平均人数は2・9人（国立社会保障・人口問題研究所2001年発表）。ここ近年の少子化と核家族化によって、一世帯あたりの家族の人数は、確実に減ってきているのです。

このような、時代による家庭構成員の変化も、子どもの発達に影響するとされます。なかでも最も重要な問題となるのは、人間関係の単純化です。たとえば「サザエさん」のカツオくんは、父母ときょうだいと姉の夫、さらに姉の子どもという複雑な人間関係を家庭の中で経験しながら育ちます。これに反して、親と子どもだけとい

核家族の人間関係はシンプル

家族構成員が少ないと、それだけ家庭内で経験できる人間関係も少ない。

う核家族で、なおかつひとりっ子の場合、子どもにとって家族内の人間関係は父と子、母と子の2パターンしかありません。それだけ経験できる接触パターンが少なくなってしまうのです。そのためいろいろな人と対人関係を築くことが苦手になることが考えられます。

それに、祖父母と同居している場合、毎日を共にした大切な家族の死を経験することなどを通じて、人はいずれ死を迎えること、それがどんなに悲しくても耐えていかなければならないことを学びます。しかし、核家族ではこのような経験を経ることもできません。

●コミュニケーション不足を補う方法は

では、このような人間関係の単純化をカバーするにはどうすればよいのでしょう。

まず第一に、親戚関係などの活用が考えられるでしょう。子どもに、いとこなど親戚の子どもと接触する機会を増やしてさまざまな経験をさせるのです。または、両親の友人一家と家族ぐるみのつきあいをするのもよいでしょう。一緒に旅行に行ったり、お互いの家を行き来することで、子どもは多様な人とのつきあい方を学んでいくことができます。

大切なのは、他人との触れ合いを楽しめること、どんな人とでもしりごみしないでコミュニケーションすることです。子どもがあまり人と積極的につきあおうとしない場合は、このようにして親が配慮をすることも大切ではないでしょうか。

■はったつプチコラム■　6割以上が核家族、祖父母と住むのは2割未満

国立社会保障・人口問題研究所の調べによれば、平成13年の核家族の割合は62.5%、単独世帯は18.9%。祖父母と同居の家族は2割未満ということになる。

●――家庭環境の変化②

共働き家庭のデメリットを克服するには

●共働きは子どもにとってマイナスになるのか

　かつて、母親が日中働いて家を留守にすることは子どもにとって望ましくないといわれる傾向がありました。しかし、下のグラフのように共働き家庭が半数以上を占めるようになった現在、本当に母親の就労が子どもに悪影響をもたらすといえるのでしょうか。

　共働きで生じる問題としては、次のような点が挙げられます。

　まずは乳児期において、愛着の形成が妨げられること。この点についてはP75で紹介したとおり、接し方に配慮すれば問題はなさそうです。また、

専業主婦より「働くママ」の方が多い
～共働き等世帯数の推移～

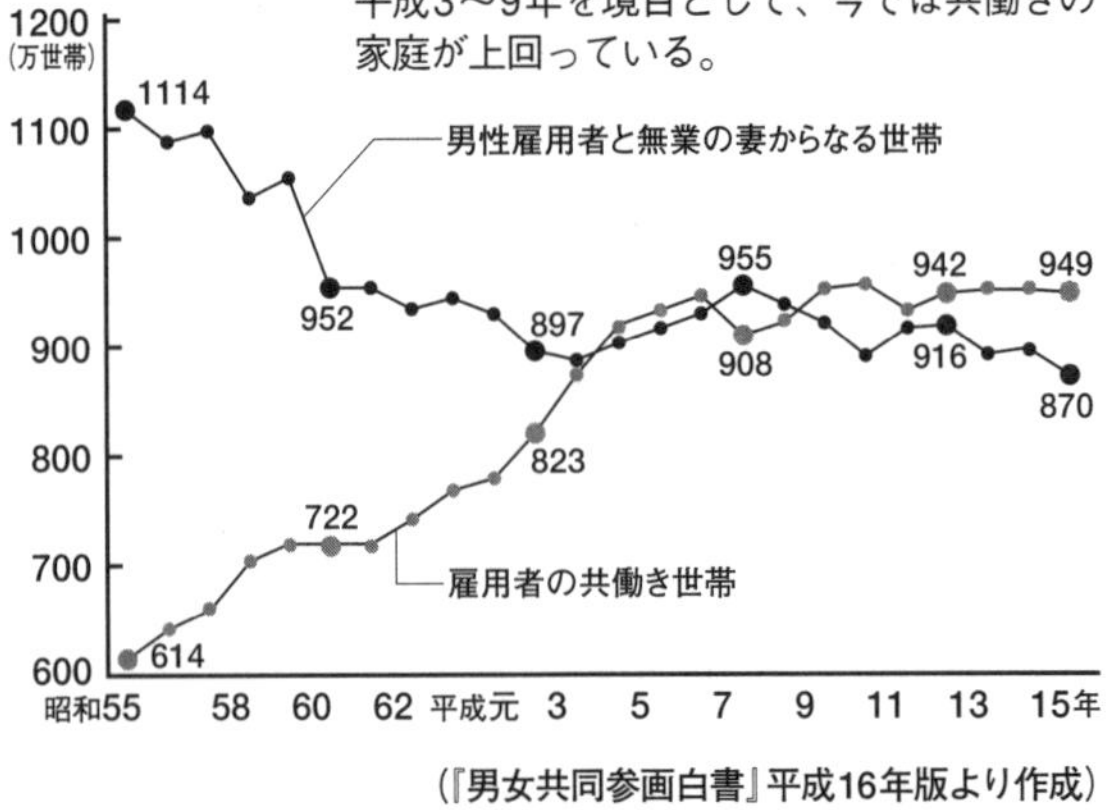
平成3～9年を境目として、今では共働きの家庭が上回っている。

(『男女共同参画白書』平成16年版より作成)

幼児期や児童期においては、両親が家にいないことで、情緒面で寂しさを抱えてしまうことが挙げられます。これは、青年期を迎えて子どもが寂しさを乗り越えるまで続きます。さらにこの時期、親の目が子どもに行き届きにくいことで、基本的なしつけができにくいという問題もあります。また、子どもの行動を管理しにくいことによって、さまざまな問題行動を招いてしまうということが考えられるでしょう。

●子どもと接する時間が短くても、育児に責任を忘れないで

では、これらの問題を改善するためには、どんな心がけが必要なのでしょう。
ひとつの方法として、両親が子育てにおいて優先させるべきことをはっきりさせ、限られた時間をうまく利用することが考えられます。たとえば、家庭内のコミュニケーションを第一優先にするとすれば、帰宅後の時間をできるだけ子どもとのふれあいに費やし、子どもが寝てから家事をやるという工夫をするのです。そのためには、「夕食は可能な限り一緒に食べる」などと、最低限の決まりを作っておくことが不可欠でしょう。

また、共働き家庭の場合、子育てを保育園や学童保育など他に任せる機会が多くなります。しかし、「子育ての責任は自分たちにあるのだ」としっかり意識してふるまうことが、子どもの行動面や情緒面には確実な影響となって現われるのです。

■はったつプチコラム■　家事をするパパは輝いて見える？
家事・育児をする父親、しない父親に対する子どもの評価を調べた調査（深谷、1996）で、子どもは家事をする父親をより高く評価していることがわかった。

主に児童期

遊びと発達

子どもの能力を引き出す「遊び方」とは

●子どもは「遊び」を通じて発達する

生後1〜2歳ごろになると、子どもはそばにある雑誌のページを次々に破いたりして、家族を困らせることがあります。これは、子どもにとって一種の**「遊び」**です。一見無意味な行動に見えますが、この行為には、結果を試すことで、ものの性質を理解するという大切な意味があります。

子どもにとって「遊び」とは、心身の成長に必要不可欠なものなのです。幼児教育の創始者フレーベルは遊びを「子どもの内面に育ってくるものの自主的な表現であり、これを通じて外界に関わることで子どもは自分の外の世界や自分自身を知り、同時に子ども自身の心身の能力を高めていく」としています。

●「遊び方」が年とともに変わるのはなぜ?

子どもの遊び方は、成長するにしたがって変わっていきます。このあいだま

＊子どもの遊び
大人の遊びには仕事や家事からの一時的な気分転換という目的が強いのに対して、子どもの遊びには目的はなく、その活動が楽しいという理由で自発的になされる。乳幼児にとっては生活の大部分が遊びであり、まさに「遊ぶことこそ仕事」である。

子どもの遊び方は、年とともに変わっていく
～遊びの発達的変化～（中野茂、1990）

遊び対象の発達的変化を「波」のうねりによって模式的に示したもの。それぞれの遊びをマスターし自由に対象を同化できた時点を波の頂点とし、しだいにその遊びは「自動化」して衰えていくことを示している。

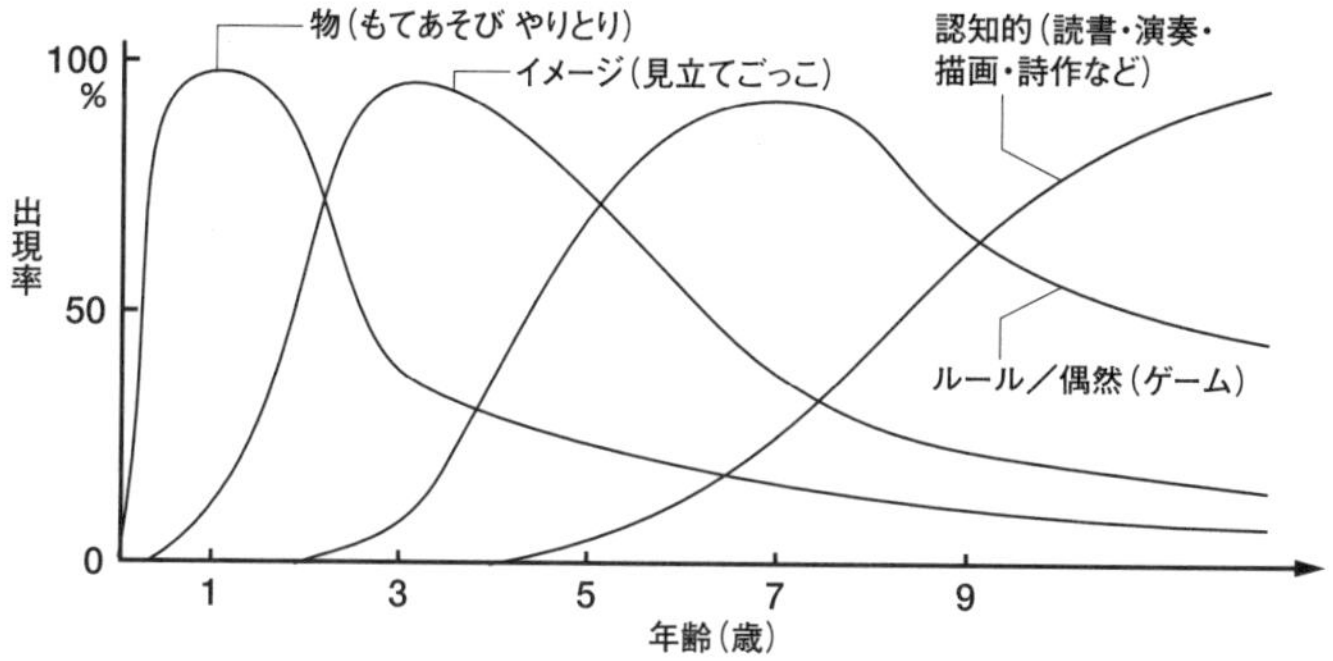

では、積み木遊びに夢中だったのに、最近は別の遊びばかりしていて積み木など見向きもしない……ということは育児をしているとよく目につきます。

実は、遊び方の変化にも、重要な意味があるのです。先のフレーベルの説にしたがえば、子どもはその時点で発達しつつある心身の機能を使って遊んでいるため、発達段階が進むと遊びの内容も変わるといえます。また、発達しつつある機能を使って遊ぶことで、その機能がさらに発達するという面もあるのです。

子どもの発達による遊び対象の変化を示したものに、中野茂氏による上のような表があります。たとえば乳児期には運動能力や感覚の発達が著しいため、ガラガラを鳴らすなど

■はったつプチコラム■　子どもの遊びは衰退してきている？

生活空間の減少や仲間の減少、ゲームなどでのひとり遊びの増加から、近年の子どもたちは、心身の健康な発達に見合う遊びを経験していないといわれる。

「物」を通じて感覚を使う遊びをします。さらに、イメージの発達があらわになる時期には、ごっこ遊びなどで自分が経験したことを模倣し再現しようとするのです。

●遊びを通して友だちとの関係が生まれる

次に、遊び相手の問題に目を向けてみましょう。

子どもの一番最初の遊び相手は両親です。「イナイイナイバア」や「高い高い」をするのも、立派な遊び。とはいえ、1~3歳にかけて、ものを自由に扱えるようになり相手と楽しさを共有できるようになると、子どもは、大人よりも同年齢の子どもと遊ぶようになってきます。

パーテンという研究者は、集団への参加度という視点から、2~5歳の遊びを5つのタイプに分類しました。それによると、2、3歳児では「ひとり遊び」や他の子どもと同じ遊びを独立して行う「平行遊び」、他の子の遊びを見ていて時折口を出す「傍《ぼう》

「ごっこ遊び」はイメージの共有

今日のごはんなーに？
今日はたきこみごはんよー
わ〜い

上の図では他のもの（砂）を実物（ごはん）として見るといった「見立て」をしながら、ごっこ遊びはお互いのイメージを重ね合わせていく。日頃憧れている活動が再現される。

■はったつプチコラム■　単純なひとり遊びの多い子は社会性を築けていない？
ルビンという研究者は、単純な動作をくり返す「機能的遊び」をひとりで長時間している4歳児を調べ、仲間との関係がうまく築けていないと報告している。

観者行動《かんしゃ》」が多く、成長して4、5歳児になると、他の子と一緒に同じ遊びを行う「連合遊び」や子ども同士のルールや役割分担などがある「協同遊び」が増えてくることがわかりました。この結果から、年齢とともに、子ども同士のコミュニケーションが深くなる型の遊びへと進んでいくことがわかります。

なお、協同遊びに当たるもののひとつに、子ども同士の「ごっこ遊び」がありますが、これは互いのもっているイメージを共有する遊びです。子どもたちは、このごっこの決まりにしたがって役柄を演じることなどを通じて、ルールにしたがった行動ができるようになります。すると、このルールに従って他者と自分を比べ勝ち負けを決めることに興味を抱くようになり、やがてゲームを楽しむようになるのです。

パパとたくさん遊んでいる子は保育園になじみやすい？

保育園や幼稚園に入園するときには、子どもがまわりの子とうまくやっていけるか心配。できれば、いい友だち関係を築いてほしい……と親なら考えますね。仲間関係の発展には、安定した親子関係が大切。それもとくに、父子関係が大切なようです。

マクドナルドとパークという研究者の調査によると、父親と身体的な遊びをたくさんしている子ほど、保育園への適応がいいという結果が出ました。父親が「高い高い」などをしてあやす場合には、母親よりも動きが大きくて刺激が強いことが多く、子どもにとってはより楽しい経験になります。こうした楽しい経験や家庭での安心感が、社会性の発達に影響しているのでしょう。

■はったつプチコラム■　子どもはどんな基準で友だちを選んでいるか

幼稚園のときは、家が近いなどの「相互的接近」で仲良しになることが多いが、小学校時代は何となく好きという「同情・愛着」が友だち選びの主な基準になる。

主に児童期

社会性の基盤、よい友達関係を築くには

——友だち関係

●8歳以降は、親より友だち？

「友だちと遊ぶこと」は、子どもの社会性の発達にとって非常に大切なこと。友だちとの遊びをなくして、子どもの協調性や道徳性などを発達させていくのは難しいといえます。

子どもの対人関係について研究したサリバンという学者によれば、2〜5歳までの子どもにとっては同世代の友だちより親など大人との関係のほうが大切ですが、5〜8歳になると関心は仲間関係に向かい、8〜11歳では「親友関係」という強い愛着関係が生まれ、ときに親との関係よりも親友関係に重点が置かれるようになるといっています。親としては、少し寂しいような気もしますが、よい友人関係をつくることは子どもがその後自我を確立していくためにも大切ですから、幼少期から子どもの友だちづくりを応援したいものです。

●友だちができないのはなぜ？

大人になると新しい友人関係を築くことが難しくなりがちですが、子どもはたいてい、

■はったつプチコラム■　親と親友、支えになってくるのはどっち？

親と親友のどちらが心理的な支えになってくれるかについて調べた研究では、12歳までは親、12歳以降は親友の存在が重視されることがわかった。

自分から声をかけたりして誰とでも仲良くなれてしまいます。しかし、なかには仲よしをつくることができず、幼稚園や小学校で孤立してしまう子どももいます。こういう子に共通する特徴としては、他の子からの働きかけがあっても積極的に対応できない、自分から働きかけることができないなどがあります。とくに幼児期では、全般に消極的でおとなしい子ほど友だちができにくいといえるでしょう。さらに、母子分離がうまくできていない場合、友だちと関係が築きにくいこともあるようです。

また、友だちができない子どもの場合、子どもだけでなく母親も交際範囲が狭く、「ママ友」などから孤立していることがあります。子どもに「友だちと遊びなさい」という以前に、自分が積極的にママ友や地域の人々と関わっていく姿勢を見せるべきでしょう。

逆に、母親が社交的で友だちに囲まれているのに、子どもはおとなしい、友だちがいないというケースもよく見かけます。こちらの場合は、積極的な母親が子どもの行動にあれこれと口を出し、過干渉になることで、子どもの自主性・自立性が奪われていると考えられます。

親がつくった友だちは続かない

親が近所の子を家によんだりして子どもに友だちをつくろうとしても、こうした関係はあくまで一時的なもので長続きしにくい。

■はったつプチコラム■　クラスでの人気はどう決まるか？
小学校のクラスには人気者と排斥される者がいるものだが、人気者は学習や運動面にすぐれて積極的な子、排斥される子は協調性や自分を制御する力に欠けることが多いという。

児童期

小学校高学年の友人関係が社会性を養う

——ギャング・エイジ

●ギャング集団が社会性を発達させる

小学校5～6年生くらいになると、友だち同士の結びつきが強くなり、同年齢の仲間同士でグループを作って行動することが多くなります。このグループを「**ギャング集団**」と呼び、グループを作る時期を「ギャング・エイジ」と呼んでいます。その後、青年期にはしだいにギャング集団は消えていきます。

ギャング集団は4～8人くらいの同性のメンバーで構成される「小さな社会」で、仲間以外の人にはとても閉鎖的。集団内のつながりは密接です。「自分たちのことは自分たちでする」といった意識を持ち、集団内のルールや活動計画を独自に考え、実行しています。また、メンバーにはそれぞれ役割があり、それを果たすと他のメンバーに認められます。それが、「自信」という感情につながります。さらに、集団で行動することによって、人を助けることや同情すること、責任感、義務感、忠誠など、いろいろな社会性を学んでいます。このように、ギャング・エイジは子どもの発達にとって大切なプロセスなのです。

＊ギャング集団
児童期中期から後期に現れる、まとまりの強い仲間集団のことをいう。集団内の地位や役割を果たすことで、社会的知識や技能を得る機会となる。

「ギャング集団」の現状は……

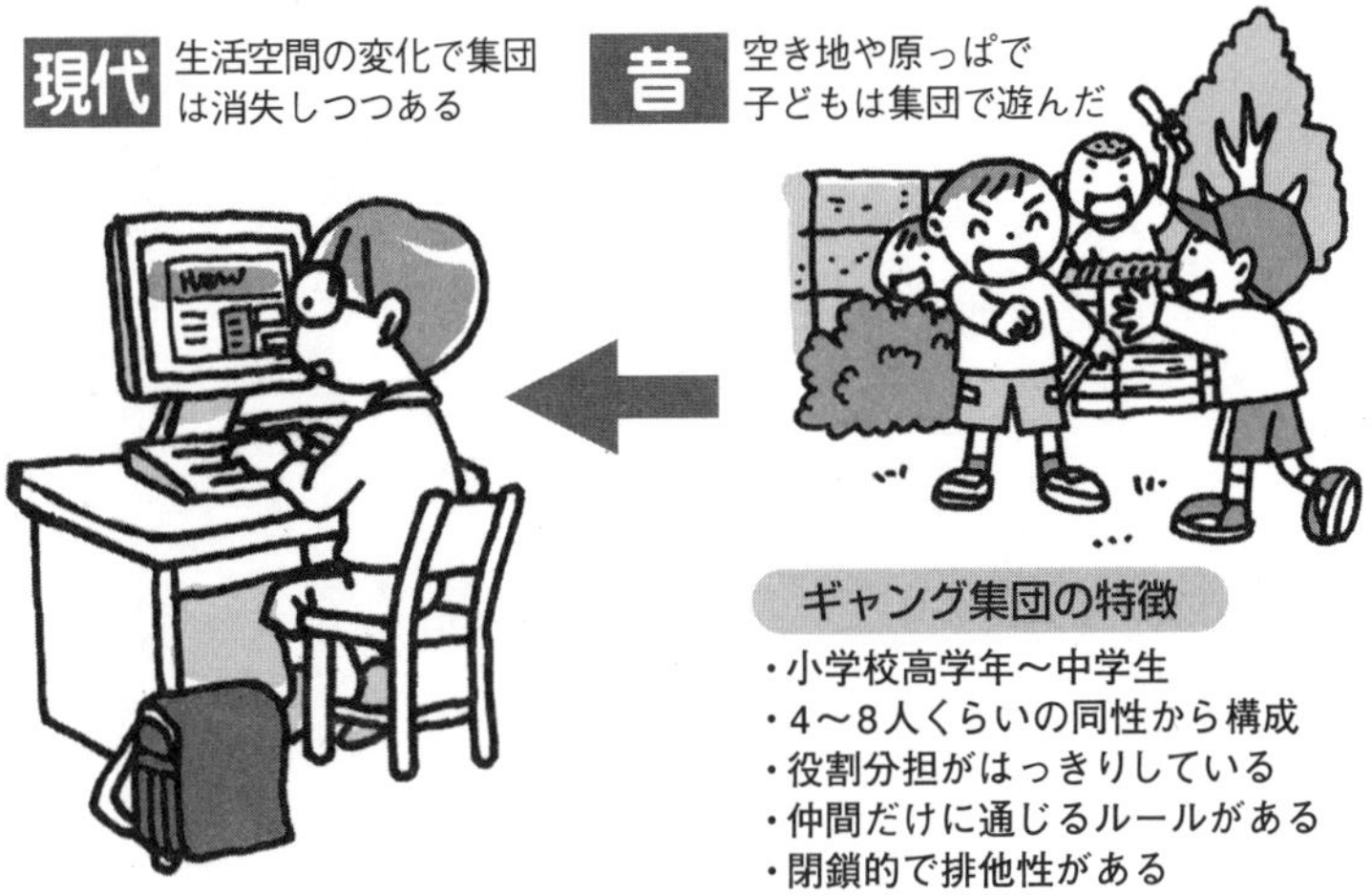
現代
生活空間の変化で集団は消失しつつある
昔
空き地や原っぱで子どもは集団で遊んだ

ギャング集団の特徴

- 小学校高学年～中学生
- 4～8人くらいの同性から構成
- 役割分担がはっきりしている
- 仲間だけに通じるルールがある
- 閉鎖的で排他性がある

●社会性のない大人が増える可能性も

しかし、このギャング集団は、最近ではしだいに消失しつつあるようです。**生活空間**の変化によって路地や空き地、原っぱといった子どもの遊び場が少なくなっていること、また、テレビゲームやパソコンの発達によって家でひとりで遊ぶ子どもが増えていることなどが、原因として挙げられます。塾に通うなどで、遊び時間が少なくなったことも一因でしょう。

いずれにしても、ギャング・エイジは人格の発達に必要な一過程です。それを経ないことによって、今の子どもたちが社会性のとぼしい大人になってしまうのではという心配もあります。

＊生活空間
個人の行動に関係する空間のこと。レヴィンという研究者によると、現実に生活する物理的空間ではなく、個人の行動を規定する心理学的な場所をいう。

児童期

いじめっ子の心理・いじめられっ子の心理
——いじめ

●いじめられる子には一定の傾向がある？

一時期と比べると**いじめ**は減少の傾向にあるのだとか。しかし、いじめによる自殺や殺人は後を断ちません。もう20年も前から、学校教育における深刻な問題となっています。

一体いじめはなぜ起こるのでしょうか。なぜ集団の中でいじめられる子どもが出てくるのでしょう。ある実験によると、小学校入学前には、会話を邪魔したり、集団で行動することが正しく理解できていない子どもがいじめられやすいという結果が出ています。

小学2〜3年生では、自分のことばかり話して集団の枠を乱す子ども、他に、攻撃的な子ども、人と協力できない子ども、あまり人としゃべらない子ども、不適切な行動をとる子どもなどが、他の子から拒否されやすいという結果がありました。ただし、不条理なことに、これらにあてはまる子どもであっても、外見のよい子は拒否されにくいということもわかっています。

また、ある集団の中で、人気がある子、拒否されている子、無視されている子、中間の

＊**いじめ**
「同一集団内での相互作用過程において、優位に立つ一方が、意識的あるいは集合的に、他方に精神的・身体的苦痛を与えること」（森田洋司氏の定義による）。

子という小学4年生の4人を、別の新しい集団に入れて再び調べたところ、別の集団でも同じような評価になったとの調査結果もあります。

このことから、人気のある子は別の環境でも人気者になり、いじめられやすい子は他の環境でもいじめの対象になりやすいということがいえます。集団内の地位は、集団を超えてある程度安定しているということでしょう。

ただし、これはあくまで集団の中でのことで、二者関係においてもそうであるとはいえません。集団の中では敬遠されている子どもに親友と呼べる特定の友だちがいたり、反対に、集団の中では人気者でも、深くつきあえる親友はいなかったりということはあります。

子どもは容姿に敏感？

「協力的でない」「不適切な行動をとる」など、いじめられがちな性質を持った子どもでも、容姿がいい子はいじめられにくいという。

●どこからが「いじめ」にあたるのか

いじめとけんかは一見似ていますが、実際にはどのような違いがあるのでしょうか。

まず、平成6年の文部省（当時）の定義によると、いじめは「強い立場の子が弱い

■はったつプチコラム■　20年前と比べて、いじめは激減した？

文部科学省の調査によると、昭和60年には15万件以上のいじめが報告されたのに対し平成15年度では2万3千件強と、報告されるいじめの件数は減ってきている。

立場の子を一方的に攻撃する」となっています。

けんかは対等の立場の子どもの対立であるのに対して、いじめは立場に強弱があるというわけです。

また、けんかは一時的な攻撃であるのに対して、いじめは継続的なもの。さらに、けんかによる苦痛や悲しみは深刻ではありませんが、いじめの場合は、受けた側はとても深刻に受け止めてしまい、ひどいときには自殺を考えるという違いもあります。

●いじめは、いじめっ子の多大なストレスで起こる?

先にいじめられる側の特徴を見てきましたが、いじめる側にも大きな原因がありそうです。

いじめには、単なる「腹いせ」によるものと、「おもしろ半分」によるものとがあります。しかし、このどちらも、いじめる側の大きなストレスが発端にあります。

言葉のいじめが一番多い?
〜いじめの態様〜

(平成16年版『青少年白書』より、平成15年度文部科学省調べ)

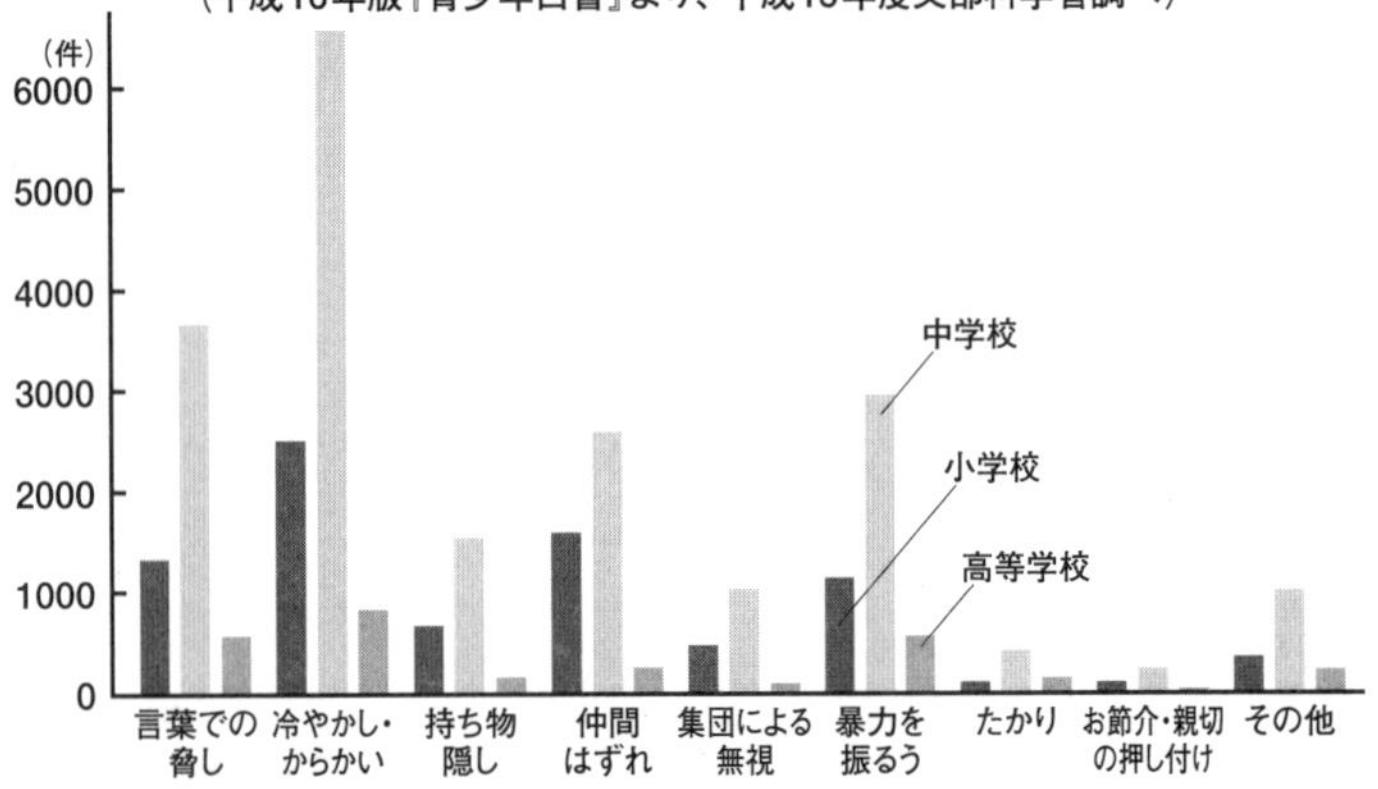

また、子どもの欲求不満耐性がきちんと養われていない点も原因として挙げられるでしょう。きょうだいの数が減ったことなどにより、家庭の中で自分の欲求が通りやすくなり、我慢しなくてもいいという子どもが増えました。その結果、何かあったときに耐える力が養われにくくなっているのです。

また、対人関係を正常に築けないというのも、原因のひとつでしょう。今の子どもたちは、昔とくらべて人と接触する機会が極端に減りました。まず、塾通いなどで子ども同士で遊ぶ時間が減ったり、遊ぶ場所も少なくなってしまいました。さらに、ゲームやパソコンなど、家の中にこもってひとりでする遊びが発達し、外で遊ぶ子どもたちの姿を見ることが少なくなってきました。

そのように、人と意見を交わしたり、一緒に何かをしたりすることが少なくなったために、自分とは違う考え方を素直に受け止められなくなっているのです。

人とのつきあい方の加減、人との距離の保ち方などがわからないために、いじめる側もいじめられる側も極端になって、一方的な関係ができあがってしまうということも考えられます。

そのためにも、幼児期から正常な対人関係が保てる力を養い、また、欲求不満耐性をしっかり身につけることが大切なのです。

■はったつプチコラム■　現代のいじめを知る映画『リリィ・シュシュのすべて』
岩井俊二監督作品。いじめに苦しむ中学2年の男子生徒を主人公とし、売買春や自殺など、現代の中学生をとりまく問題をリアルに描いている。

児童期

「学校に行けなくなる」のはなぜ？

――不登校

不登校の子どもの数は年々増えており、わが国の社会問題といってもいい状況です。そして、現在の不登校は、昔では考えられないほどの軽いストレスで生じています。

「不登校とは、何らかの心理的、情緒的、身体的、あるいは社会的要因・背景により、児童生徒が登校しないあるいはしたくてもできない状況にあること（ただし、病気や経済的な理由によるものを除く）をいう」と文部科学省は定義しています。

いじめや勉強についていけないなどの問題、家庭環境の変化、病気で長期間欠席したなど、不登校のきっかけはさまざまですが、きっかけはあくまでもきっかけにすぎません。不登校の原因を決定するのは難しく、環境の問題や、本人の忍耐力のなさ、本人や家族の考え方の違いなど、複雑な問題がからみ合っています。

そして、子どもは「学校に行きたくない」と思う反面、「学校へ行かなければならない」という思いもあります。休んでいることへの罪悪感から、深く悩んでいるのです。まわりが適切に手を差しのべることが大切です。

不登校になったら、環境を見直して調整したり、こころの傷を癒《いや》すなどしながら、少し

＊**不登校**
文部科学省の定義では、「年間30日以上」欠席した児童・生徒が不登校とみなされる。小学校では275人に１人、中学校では36人に１人いるとされる。

不登校の進行

前駆期	登校時体調が悪くなる、友人とのトラブル、保健室への来室など
第1期　初期段階	休日明けの登校を嫌がる、身体症状が強まる、登校のしたくはするが登校できないなど
第2期　暴力期	学校の話をすると興奮状態になる、母親や弟、妹など弱者への暴力行為など
第3期　内閉期	家族との接触を避け自室にこもる、昼と夜が逆転した生活など
第4期　回復期	生活リズムが正常になる、社会への興味を取り戻す、外出を始めるなど
第5期　再登校期	再登校するようになるが、はじめは早退や遅刻が多い

ずつ登校へと向かう努力が必要です。

まず、「前駆《ぜんく》期」では、子どもからのシグナルを敏感に受け取って、具体的な対策をとりながら登校するよう励まします。「初期段階」では、怠けたいから学校に行かないのではないと理解し、無理に登校させずに見守り、子どもを安心させます。そして、「暴力期」や「内閉《ないへい》期」になったら、専門機関と学校、家庭が協力し合い、「回復期」には、本人のペースに合わせて焦《あせ》らず再登校を助けてあげます。

不登校は簡単には解決できない問題です。ただ子どもが登校すればよいのではなく、子どもが生きるエネルギーをたくわえ、いかに自立させるかの方が重要な課題と理解したいものです。

■はったつプチコラム■　不登校の相談をしたいときは……

今では多くの自治体の教育委員会が「教育相談室」と称する相談窓口を設けている。電話相談もあるので、自治体に相談窓口の有無を問い合わせてみては。

主に乳幼児期

生活環境

高層住宅は子どもの発達を遅らせる？

●高層住宅と一戸建て、子育て環境の違いは

子どもにとって、遊びは必要不可欠です。知的能力や運動能力を養うだけでなく、子ども同士で遊ぶことで、人とのつきあい方を学び、社会性を身につけていくものだからです。しかし、現代の子どもたちに、そういった遊びの機会を少なくするものがいくつもあります。そのひとつが**高層住宅**です。

一戸建てであれば、家の前で子どもを遊ばせ、家事などしながらときどき子どもの様子を見ることもできますが、高層住宅ではそうはいきません。必ず親もついて行くことになるので、そう頻繁に外に出ていくというわけにはいかなくなります。自然と、家の中で遊ぶ時間が多くなります。家の中での遊びは、体をいっぱいに使うことができないばかりか、どうしてもひとり遊びになりがちでしょう。

その結果、遊びを通して得る能力が制限され、人とのつきあいを学ぶチャンスも少なくなるという弊害《へいがい》が出てしまうのです。これを打開するために、高層住宅に住む人は、でき

＊高層住宅の弊害
保護者側の不安としては、エレベーターに関する不安(缶詰事故や痴漢など)や住居と地上の距離に関する不安(目が届かない、事故予防がしにくい)がある。

るだけ子どもを遊び場に連れて行ってあげることです。しかしあくまでも子ども同士の関係に口を出さないようにすることを、心がけるとよいのかもしれません。

●清潔すぎる生活環境は子どもにとって逆効果?

昔は、泥んこ遊びをしたり、川で泳いだり、森の中で虫をつかまえたりといった遊びが、ごく普通に行われていました。自然と触れ合うことで、雑菌に触れ、雑菌に慣れることができました。そのようにして、菌に対抗できる体をつくっていったのです。

しかし、現代は過度な清潔社会です。清潔にしすぎることでの弊害はいろいろなところで出ています。ちょっとしたことで感染症にかかりやすくなったり、また、アレルギーの子どもが増えたのも、きれいにしすぎることの弊害だともいわれています。

では、そのためにはどうしたらいいのでしょう。一番重要なのは、子どもが育つ自然環境をなるべく今の自然のままに残しておくことです。そして、昔のように子どもが自然に触れる時間をつくってあげることです。

菌に慣れるということだけでなく、わたしたちは自然と触れ合うことで、五感の豊かさも得ています。強い体をつくり、子どもたちの五感が刺激されるような自然の遊び場を与えてあげなければならないのです。

■はったつプチコラム■　「山登りをしたことがない」子は全体の半数以上
文部科学省の「子どもの体験活動調査」によると、「ロープウエイやリフトを使わずに高い山に登ったこと」のある子は男子で46%、女子で40%しかいない。

児童期

ゲームはこころの成長をはばむ？

——コンピュータゲーム

20年ほど前、ファミコンがブームになったとき、「**ファミコン症候群**」という言葉が流行しました。テレビゲームに熱中するあまり、勉強をおろそかにする、外で体を動かさない、目が悪くなるなどの弊害《へいがい》が現れることをいいます。さらに「コンピュータゲームはこころの発達にマイナスの影響を与える」という議論もありましたが、当時ファミコン世代だった人が大人になって何か弊害が現れているかというと、そういった例は見られません。つまり、ゲームが決定的な悪影響を与えるということはないといえるでしょう。

ただし、多少の弊害はあちこちに出ています。コンピュータゲームは機械が相手なので自分で自由にコントロールできるのですが、現実の人間はそうはいきません。機械を相手にしていれば、精神的なダメージを受けずに楽なので、人とうまくつきあえなくなるという心配もあるのです。また、簡単に人を殺す、自殺するなどの背景に、コンピュータゲームの影響があるとも騒がれました。この可能性も確かにゼロではありません。ゲームの中では簡単に人を殺せます。そして、リセットすることで簡単に再生できます。現実の世界もゲームの世界のように簡単だと思ってしまうこともあり得るからです。生身の人間をな

＊ファミコン症候群
ファミコンが一世風靡した1980年代、さかんに唱えられた言葉で、ゲームのしすぎによる害をいう。ゲーム熱の落ち着いた今、論争も落ち着いてきている。

ぐったりけったりすることを「ダメージを与える」と言うなど、気になる兆候があったら、注意を促した方がよいでしょう。

とはいえ、一般に子どもも大きくなるにしたがって、現実はゲームの世界とは違うことがわかってきます。

また、子どもが一日の大半をゲームをして過ごすとしたら、友だち同士で遊んだり、自然の中でいろいろな体験をする時間が制限されます。

ゲームはストーリーが単純なので、いろいろな情緒を発達させにくいという面はあります。また、人と接することでしか養えない情緒は、やはりゲームばかりしていたのでは発達しません。遊びはゲーム一辺倒とならないように、人との関わりの時間、友だちと外で遊ぶ時間をきちんと持たせることが大切です。

Break

ゲームのやりすぎは脳の発達に影響する?「ゲーム脳」の秘密

最近話題になった「ゲーム脳」という言葉、子どもをもつ親なら気になりますね。これは、日本大学の脳神経科学者の森昭雄氏が唱えたもの。テレビゲームを始めると前頭葉にある前頭連合野から出るβ波が低下するというデータがあり、しかもゲームをやり続けると、普段の状態でもβ波が出なくなってしまうというのです。

前頭連合野は、思考や創造、判断など人間ならではの高度な機能を担当している部位です。森氏によると、この働きの低下はさまざまな悪影響をもたらすとか。

脳の神経回路が作られるのは幼児期ですので、この時期にゲームばかりさせるのは、いろいろな意味で危険なのかもしれません。

■はったつプチコラム■　コンピュータゲーム普及の裏にあるものとは?

今の子どもは塾などで放課後気ままに遊ぶことができず、自由に遊べる遊び場もないことが多く、こうした生活パターンの変化もゲームの普及に関係する。

主に児童期

ネットと子どものデリケートな関係
——インターネットと携帯電話

●インターネットは子どもにとって一長一短

今や、多くの人の生活にとって、インターネットは欠かせないものとなりました。これは、小学生にとっても同様。学校の授業でもインターネットを使うほどです。瞬時に欲しい情報が得られる点で便利ですが、反面、怖い部分が潜んでいるのも事実です。

２００４年に起こった「長崎同級生殺害事件」も、インターネットがきっかけでした。小学6年生の女の子が、自分のホームページ上で友だちから悪口を書き込まれ、怒った彼女はその友だちを殺害してしまったとされています。

インターネットの特徴のひとつとして、「匿名《とくめい》性」が挙げられます。つまり、自分の名前や所属などを明らかにしないで発言することができるということ。匿名ゆえにだんだんエスカレートして、過激な発言になってしまうこともあるのです。

また、親や友だちに言いにくいようなことも、匿名であるインターネット上でなら、言うことができてしまいます。自分の言いたいことを言える、自分を表現できるという点で

■はったつプチコラム■　小学生の13.3％が「マイ・パソコン」を所有？
小学館の“子ども世論調査”によると、小学生の13.3％が自分のパソコンを所有。使用目的の1〜3位は「ホームページを見る」「ネット上でゲーム」「ゲームソフトで遊ぶ」だった。

インターネット、メールの光と影

よい面

■交友関係が広がる
■自宅にいながら他者とコミュニケーションできる
■ひそかな悩みなどを打ちあけられる
■手軽にさまざまな情報が得られる

悪い面

■犯罪に巻き込まれる危険性がある
■匿名ゆえに他人を攻撃してしまう
■感情をストレートに表現しやすく、友人関係が壊れやすい
■屋外で遊ぶ時間、生身の人間との接触が減る

はメリットなのですが、それが、誰かを傷つけたり、攻撃したりするものであると、よい結果を招きません。

さらに、インターネットには、出会い系サイトに代表されるような問題もあります。子どもが犯罪の被害者になったり、場合によっては加害者の一部になったりと、犯罪に巻き込まれる危険性もあるのです。

●インターネットで、交友関係が広がることも

ただし、インターネットにはメリットもたくさんあります。先に述べた情報を得るほかにも、同じ趣味を持つ人、同じ価値観を持つ人を見つけるなど、交友関係が広がります。また、今の子どもは塾通いなどで時間的な制約があるので、自分の好きなときにアクセスできるメールは、コミュニ

■はったつプチコラム■　インターネットOK、有害サイトNGの場合には……？
アダルトなどの有害サイトが気になって、子どもにインターネットを使用させられない場合には、有害ソフトを選んでブロックする機能のついたソフトウェアを利用する方法も。

ケーションツールとしても役立ってくれるでしょう。

また、不登校などで家から出られない子どもであれば、インターネットが唯一のコミュニケーション手段であるともいえます。それを使うことによって、外の世界と、部分的にではあるけれども接触できるのです。

●メールだと別人になってしまうことも

メールの影響はどうでしょう。面と向かっては言いにくいことが、メールならいえるということは誰でもあります。これはメールのメリットでもあり、デメリットでもあります。

メールだとストレートに感情を出してしまうだけでなく、感情が過多になってしまうこともよくあります。たとえば、相手の欠点を指摘するような場合は、必要以上に相手にダメージを与えてしまうことにもなるのです。一方、メールを受け取る側も同様に、相手の言葉を大げさにとらえてしまうという傾向があります。面と向かってであれば相手の表情はどうか、声のトーンはどうかなどで言葉の真意が理解できるのですが、メールではそこまではわかりません。メールが原因で人間関係をくずすこともあり得るのです。

これは子どもとて同様のことで、大人より感情の規制がきかないぶん友人関係の崩壊を招きやすいので、親としてはその点をよく注意しておくべきでしょう。

■はったつプチコラム■　高校生男子の約22％に、面識のないメル友がいる？
くもん子ども研究所のＦＡＸ調査によれば、「会ったことのないメール友だち」がいると答えた高校生男子は22.1％。中学生女子では16.3％がいると答えた。

●ITコミュニケーションは人格形成に影響する?

では、ネット上やメールでコミュニケーションすることは、子どもの人格形成に何らかの影響を及ぼすのでしょうか。

必ずしも問題になることはないようです。なぜなら、学校や塾などで友だちと直接触れ合う機会があるからです。

ただし、人と直接話すよりもメールで文字をやりとりしたほうがいい、友だちは会ったことのないネット上の友だちばかりというのでは、生身の人間とうまくコミュニケーションできない大人になってしまう危険性は否めません。子どもには、あくまで生身の友だちがメインでネットの人間関係はサブ、というスタンスを身につけさせるとよいのではないでしょうか。

Break

「ネチケット」を教えるのは21世紀における親の義務?

ネット使用のトラブルを起こさないためにも、メールの書き方やネット掲示板の使い方、セキュリティ対策など「ネチケット」を子どもに教えることは、現代の親の義務といえるのではないでしょうか。最近では、子ども用にネチケットを教えるサイトが多数誕生しているので、参考にしてみては?

警視庁主催の「ハイテク・キッズ」。子どもをハイテク犯罪から守るためのネチケットが説明されている。http://www.keishicho.metro.tokyo.jp/haiteku/hikids/hikids.htm 警視庁ホームページより抜粋

■はったつプチコラム■　子どもむけネットマナー指南サイト

インターネットを利用する子供のためのルールとマナー集(http://www.geocities.co.jp/NeverLand/5153/)ネチケットを学ぼう!(http://www.disney.co.jp/netiquette/)などがある。

アスペルガー障害

C A S E S T U D Y

●単に「気難しい子」と思っていたけど……

Cくんはことばの発達が遅く、意味のあることばを話し始めたのは2歳半を過ぎてから。幼稚園のころは友だちとなじめず、遊戯中もひとりで遊んでいるなど集団行動を乱す行為が見られましたが、知能には問題がなく両親は心配していませんでした。小学校に上がっても言動は独特で、場所や相手にかまわず大好きな鉄道の話を大声でえんえんと続けます。話し始めると止まらず、相手の言うことは聞いていません。また、運動会の日、いつもと違う校庭の様子を見てパニック状態に陥ったり、体を前後に揺らす行動をずっと続けている、いつも同じ服ばかりを着たがるなど、気になる言動があります……。

▼自閉症の一種だが一見して気づかれにくい

対人関係に問題がある、こだわりが強い、常同行動（P79）がみられる……など自閉症の行動特徴を持ちながらも、ことばの障害を持たず、知的障害も持たない子どもは、多くの場合アスペルガー障害（症候群）と診断されます。アスペルガー障害とは、自閉症のひとつのタイプで、自閉症と同じく広汎《こうはん》性《せい》発達障害に当たります。

自閉症との一番の違いは、決定的な言語障害をもたないことです。ただし、乳幼児期はことばの発達が遅れることが多く、オウム返しなども見られます。アスペルガー障害の場合は発達にしたがって意味のあることばを話せるようになり、難しいことばも使いこなせ

■はったつプチコラム■　自閉症の子どもの学校選びの目安は？

個人の能力差も大きいが、知的障害を伴う自閉症の場合は、特殊学級あるいは養護学校を、アスペルガー障害の場合は普通学級に進級するケースが多い。

るようになります。また、知的障害がみられないことが多いのです。

　それゆえに、アスペルガー障害では小学校高学年になっても障害に気づかれず、単なる「変わった子」「しつけがなっていない子」とみられる傾向があります。しかし、アスペルガー障害も脳の機能障害によって起こるものであり、自閉症の子どもと同様に治療教育的な援助が必要です。

自閉症との違いは？

自閉症の子どもが自分ひとりだけの世界に生きているのに対し、アスペルガー障害の子どもは一見、外向的で何ら障害がないように見えることも少なくない。

▼知っておきたい アスペルガー障害のサイン

　アスペルガー障害の子どもは、言語障害こそないものの、コミュニケーションに大きな問題を持っています。会話が常に一方的だったり、相手にいわれたことを理解できなかったり、声の調子がおかしかったりします。

　また、社会の暗黙のルールが理解できず場違いな行動をするなど対人関係にも障害があります。ものに対するこだわりも異常に強く、環境の変化に対応することができません。

　さらに、特定の音をひどく怖がるなど聴覚や視覚が過剰に敏感で、感覚に独特な反応を示します。

■はったつプチコラム■　自閉症、アスペルガー障害は男児に多い

自閉症、アスペルガー障害の発症頻度は、100人につき1人くらいとされている。男女比は、4～8対1で、男児のほうが圧倒的に多い。

キーワード

【ひきこもり】

働く気のない若者「NEET（ニート）」が話題をよんでいる。いまや社会問題ともいえる「ひきこもり」の病理とはどのようなものだろうか――。

ひきこもりは長男に多い？

一説によれば、日本のひきこもり人数は、100万人を超えるほどだといわれています。

ひきこもりとは一般に、学校や職場など社会との関わりを長期間断って、自宅や自室に閉じこもる状態をいいます。

普通、中学校卒業以上の青年を指すことが多く、小中学校の「不登校」はひきこもりに含まれません。期間については、「6カ月以上」社会参加しない状態をひきこもりと定義する専門家もいます。

ひきこもりは、女の子よりも男の子に多く、とくに長男に多いという報告もあります。性格的には内気で自信がなく、他人の目を気にするタイプに多いようです。

始まりは普通不登校から

ひきこもりは多くの場合、不登校（P96）という形から始まります。しかし、不登校が必ずしもひきこもりに発展するとは限りません。不登校の最初の段階で、周囲のサポートがうまく働かなかった場合など、ひきこもり状態に陥りやすいとされています。

原因となるのは、学校でのいじめや受験の失敗、友だちとのトラブルなどのできごとで、こうした不登校からひきこもりに陥るケースを「社会的ひきこもり」とよんでいます。それとは別に、対人恐怖症や統合失調症、強迫性人格障害など何らかのこころの病気がきっかけとなって外出が苦痛になり、ひきこもりになるケースも少なくありません。

自宅にこもる毎日が続くと昼夜が逆転し、家族との会話も少なくなります。進学や就職に挑戦しようとしますが、長続きせずにひきこもり状態に戻ってしまいます。ひきこもり状態では、無気力や回避《かいひ》、抑うつ、自信のなさ、退行、不潔恐怖や対人恐怖などの強迫症状がみられます。また、家庭内暴力や自傷《じしょう》行為につながることもあります。

ひきこもりはSOSサイン？

――ひきこもることは必死の訴えなのだろうか

ある説では、若者のひきこもりは、家庭や社会に対する一種のSOSサインであるといわれています。

ひきこもっている本人は、本当は外に出て社会と関わりたいという欲求をもっているのに、恐怖や不安から身を守るために家に閉じこもってしまうことが多いのです。そのことを、家族に気づいてもらいたい、助けだしてもらいたいと期待し、ひきこもりという形で訴えているのだと考えられます。

現在、ひきこもりに対しては、保健所や精神科などでさまざまな支援がなされています。治療はまず親の相談から始まることが多いのですが、最終的には本人を自宅から引き出す必要があります。このとき、昼間の居場所を確保してあげるとともに、本人と家族がきちんと向き合い、意志を伝え合うことが大切です。

発達子ども相談室②

指をしゃぶる

赤ちゃんの頃から、寝る前にはきまって
指をしゃぶっていたうちの子。
もう5歳になるのにまだそのクセが抜けません。
寝る前だけでなく、みんなで遊んでいるときも
指をしゃぶっていることがあり、
正直、人目も少し気になってしまいます……。

乳幼児のころのクセが残っていることも多いが、子どものストレスのサインであることも。

乳幼児のころの指しゃぶりは、手と口の対応を促す、離乳の準備となる、という意味で、意義のある行為といえます。さらに、指しゃぶりには不安を減らすという効果もあるようです。しかし、このクセが幼児期を過ぎるころになっても治らない場合、単に小さいころの生理的な習慣が身に染みてしまっているケースと、指しゃぶりが危険サインとして現れているケースがあり、見きわめが必要になります。

見きわめのポイントは、子どもが指しゃぶりに日がな一日ふけり、それで人とのコミュニケーションが妨害されているかどうか。この兆候が見られる場合には、弟や妹の誕生や環境の変化、親子関係の不適切さなど、子どもが何らかのストレスを抱えていることが考えられます。

ストレスが原因と考えられる場合には、これまでよりもさらに子どもを受容（P25）することが大事でしょう。この場合、指しゃぶりを責めたり叱るのは逆効果になり、子どものストレスを増加させてしまうことも考えられます。指しゃぶりは時間をもてあましているときに現れる傾向が強いので、何か集中できる遊びを提示するなど、工夫してみてはいかがでしょうか。

第3章
「脳」の発達も環境しだい
～脳とからだの発達～

健全なこころの発達を支えてくれる、脳やからだ。
これらの発達は、生まれつき決まったものと思われますが、
実は、脳の発達程度や運動能力の発達などにも、
さまざまな環境的要因が影響しているのです。

主に乳幼児期

脳の発達
脳はいつごろ発達する？

●こころを支配するのは脳？

こころの発達を考えるとき、切り離して考えることができないのが脳の発達です。脳は、生命維持に欠かせない呼吸などの働きから、思考、創造などの複雑な働きまで、人間のあらゆる機能をつかさどります。私たちの行動を支配するコンピュータといえる脳は、一体どのように発達していくのでしょうか。

母親の胎内で卵と精子が受精すると、受精卵は分裂を繰り返し、だいたい２カ月経つと人間の脳の原型ができあがります。そして、妊娠６カ月くらいまでの間は、脳は急スピードで大きくなっていきます。それから１カ月経って妊娠７カ月ころになると、今までつるんとしていた脳の表面にしわができはじめ、妊娠９カ月には、大人の脳と外見的にはほとんど変わらないくらいに成長します。そして誕生時には、約４００グラムの重さになるまで脳は発達するのです。このときには、脳の神経回路を構成する**神経細胞**が細胞分裂をほぼ終え、成人

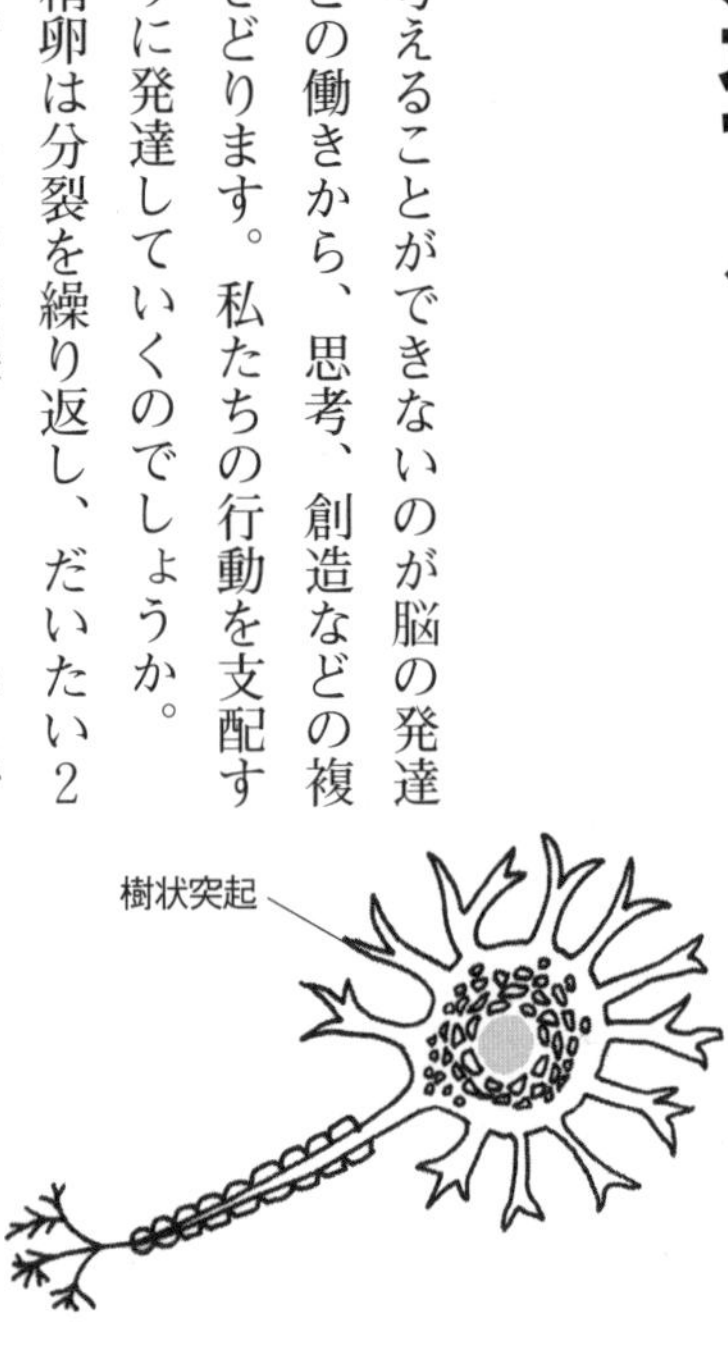

※神経細胞（ニューロン）
脳を構成する細胞。大脳皮質だけでも約140億個あるとされている。これらの神経細胞が、それぞれ複雑に結合し合ってネットワークをつくることで、情報が伝達、統合され、高度な脳の機能が維持される。

に近い数まで増えています。

よく、妊娠中はウイルス感染や服薬に注意するようにといわれます。これは、受精してから妊娠3カ月くらいまでの脳の原型ができるまでの時期に、母親が風疹などのウイルスに感染したり催奇形《さいきけい》性のある薬を飲んだりすると、赤ちゃんの脳が奇形となる確率が高くなるからです。とくに受精後3〜8週は、もっとも注意が必要な時期といえます。

●1歳ごろまでの低栄養は脳に悪影響を及ぼす？

誕生してからも、**脳重量**は増加していきます。1歳半になると、男の子では約1キログラム、女の子では約800グラムまで大きくなります。なぜ、脳を構成する神経細胞の数が変わらないのに、この時期脳の重量が増すかというと、神経細胞の樹状突起《じゅじょうとっき》（右図参照）が成長することが大きく影響しています。生まれてからの1〜2年は、樹状突起が発達して神経細胞の**髄鞘化**《ずいしょうか》が進む——すなわち脳内に情報を交わすネットワークが張りめぐらされる、大切な時期なのです。

この時期に十分な栄養が与えられないと、脳の機能の発達が阻害される心配もあります。とくに1歳ごろまでの栄養不足は、脳の重量の増加に強い影響を及ぼすとされています。

また、脳は外からさまざまな刺激を受けて発達していくため、この時期にどのような環

＊**脳重量**
脳の重さ。大人の脳重量は男1350g、女1250g。脳重量の男女差は、働きの違いに起因するのではなく、体格の違いに起因するものと考えられます。

脳の発達は分野で違う？
～樹状突起の発達～

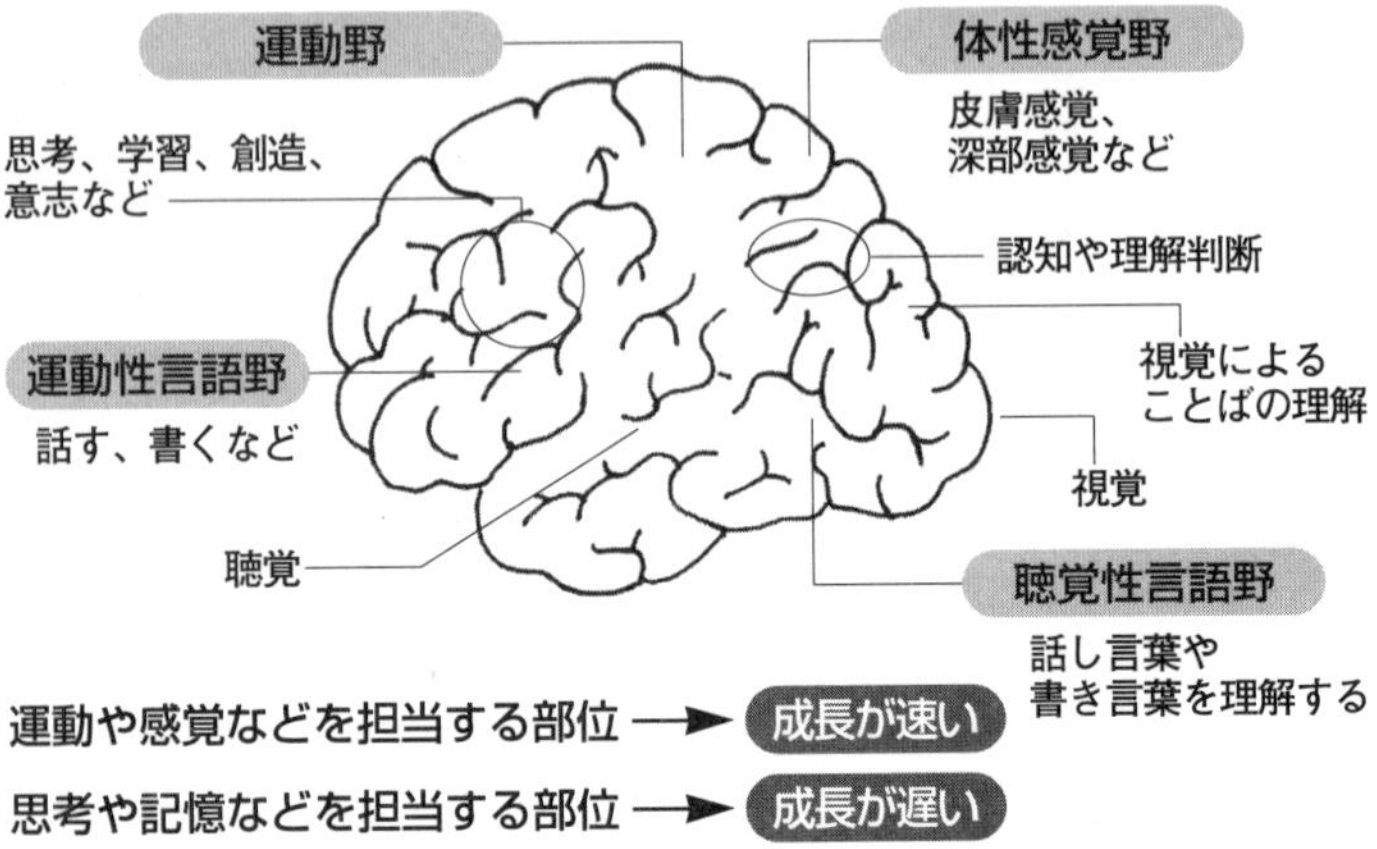

境におかれるかによっても、発達の進行は変わってくるのです。

その後も脳は大きくなっていき、2歳までに約1300～1500グラムと成人の脳重量の75パーセントができ上がり、10歳では成人の95パーセントにまで達します。

●脳は20歳ごろまで発達する？

では、肝心の脳の機能がどのように発達するか確認してみましょう。

脳には、神経細胞と**グリア細胞**という2種類の細胞があります。既出のように、脳に何百億個とある神経細胞は、お互いがネットワークをつくり、情報を交換し合うという働きを持っています。実は、この神経細胞同士のネットワークができてはじめて、

＊髄鞘化
軸索が、髄鞘（神経細胞から伸びた一種の絶縁体）で包まれること。神経細胞によっては髄鞘化しないものもある。全ての髄鞘化が完了するのは10歳前後。

人間は知的な営みができるといえるのです。赤ちゃんに大人のような知的活動ができないのは、このネットワークができていないからです。

神経細胞が組織化するためには、神経細胞の「樹状突起の成長」と「軸策の**髄鞘化**」の2つのステップが必要です。

脳は部位によって右のような分業体制をとっていますが、実は、この2つの成長は部位ごとに違ったスピードで進むのです。

樹状突起は、運動や感覚などの働きをつかさどるところ（「運動野」と呼ばれる）では早い時期に成長し、思考や記憶などの働きをつかさどるところでは成長が遅くなります。最後に成長するのが、言葉の意味を理解する「言語野」と呼ばれる部分です。言語野は20歳ごろにやっと成長し、これで人間の脳が完成します。

また軸索の髄鞘化も脳の場所によって成長スピードが異なります。具体的には、生命を維持するために必要な「脊髄《せきずい》」、「脳幹《のうかん》」からはじまり、次に左右の脳をつなぐ「脳梁」、情動をつかさどる「大脳辺縁系」、そして知的営みをつかさどる「新皮質」といったぐあいに、単純な機能をつかさどる部分からしだいに複雑な機能をつかさどる部分へと進みます。このことから、子どもが大人と同じような感覚や情動を持っていても、大人と同じような複雑な思考ができないといえるのです。

＊グリア細胞
神経系を構成する小型細胞群で、大脳だけでも約400億個ある。神経細胞に栄養を与えたり、死んだ神経細胞を除去して、神経細胞の活動環境を整える。

主に乳幼児期

刺激的な環境が子どもの脳を育てる

――脳の発達と環境

脳の発達は、まわりの環境と深い関係があるといわれています。

先にも触れたように、脳が急激な発達を遂げる乳幼児期の環境はとくに大切です。この時期に十分な栄養が与えられることはもちろん、温かい養育態度が欠如すると、栄養は十分でも身体・認知・情動の発達が遅れてしまうという報告があります（**ホスピタリズム**）。

他にも脳の発達を促す環境条件があります。たとえば、ローゼンツヴァイクという研究者らは左図のように、ネズミを豊かな環境と貧しい環境の2つのゲージで育て、脳の発達の違いを調べました。豊かな環境のネズミには自由に走りまわれるようなスペースと、遊び道具といった刺激、一緒に遊ぶ仲間が備えられました。貧しい環境のネズミは1匹だけで入れられ、エサや水などしか与えられませんでした。その結果、豊かな環境で育てられたネズミのほうが脳が厚くて重く、神経細胞の活動を助けるグリア細胞（P114）の数も多くなったという結果が得られたのです。

さらなる実験として、M・Cダイアモンドという研究者たちは、環境を豊かな環境と標準的な環境、貧しい環境という3つのパターンに分けて、ネズミを1カ月間育てました。

＊ホスピタリズム
乳児院や孤児院など閉鎖的な施設に収容されることで生まれる、心身の発育障害、情緒障害、対人関係障害などのさまざまな影響を指して使われる。

脳を育てる環境とは……

（ローゼンツヴァイク、1979）

実験 ネズミを、以下のように、広くて遊び道具もあり仲間もいる「豊かな環境」と、狭くて道具もなく１匹だけの「貧しい環境」の２種類の環境条件で育てる。

結果 「豊かな環境」のネズミのほうが、大脳皮質が重く、樹状突起もより発達していることが分かった。

その結果も同様で、豊かな環境、標準的な環境、貧しい環境の順に脳が重く、樹《じゅ》状《じょう》突起《とっき》も発達していました。

以上の結果から、脳の発達には、体を動かせる広い環境、遊び道具のような脳に刺激を与える環境、仲間と触れあえる環境が必要なことがわかったのです。

また、数十年前の子どもの知能テストと今の子どものものを比較しても、平均値が上昇しています。テレビや遊び道具などが今のほうが豊富にあり、脳への刺激の増加が関係しているためと考えられます。

つまり、刺激のある環境に出かける機会や仲間との触れあいを増やしてあげることが、子どもの脳の発達にとってプラスになることはまちがいがないようです。

■はったつプチコラム■　赤ちゃんの脳は大人よりずっと柔軟？

1歳前後では脳のある部位に障害が起きても、別の部位で機能を補える。これは乳児期ほど高い脳の可塑性（刺激の影響に柔軟に変化する特性）のため。

脳性マヒ

脳が損傷されることで運動機能に障害が現われる

日ごろ私たちの身体のバランスを保ち、運動を支える「肢体《したい》」。その一部が自由に動かせなかったり、一部が欠損したりして、日常生活に不自由がある状態を肢体不自由といいます。肢体不自由はさまざまな病気が原因となって起こりますが、その7～8割と大半を占める障害が「脳性マヒ」です。

脳性マヒとは、胎児期や生後4週間以内の脳に何らかの病変が生じて障害が起こり、その結果、運動発達の遅れや姿勢の異常、筋肉の緊張の異常などが生じた状態をいいます。障害が起こった脳の部位によっては、知的障害や言語障害、てんかんなどを合併することもあります。

脳性マヒの原因となる病変としては、出生前の胎内感染や母胎《ぼたい》の栄養障害、出生時の圧迫仮死や重症黄疸《おうだん》、脳出血などが挙げられます。また、重度の未熟児は脳性マヒになりやすい傾向があります。さらに出生後に、頭に外傷を負ったり、急性脳症などになったりすると、脳性マヒになる可能性が高くなります。しかし、最近では医学の進歩によってこれらの病変は治療、予防することができるようになり、脳性マヒはしだいに減ってきています。

徴候を早期発見することで症状は軽減できる

脳性マヒでは、侵される脳の部位によって

脳性マヒの症状とタイプ

アテトーゼ型
特定の動作をしようとするとき、あるいは精神的に緊張しているときなどに、自分の意志とは関係なく身体が動いてしまう。四肢や顔面、体幹の筋群に現われる

痙直《けいちょく》型
手足の筋肉が緊張し、自分の意志とは関係なく急に伸びたり動いたりしてしまう。なめらかな運動ができない。姿勢の異常を伴う

硬直《こうちょく》型
手足が硬直してしまい、伸縮活動がうまくできなくなってしまう

失調《しっちょう》型
筋肉の協調が難しく、姿勢のバランスを保ったりなめらかに四肢を動かすことができない。手足のそれぞれの筋肉は動かすことができる

障害の現われる部位が変わってきます。

たとえば、身体の左右のどちらか片側にマヒが生じる「片マヒ」や、四肢の一つだけにマヒが生じる「単マヒ」、下肢のみにマヒが生じる「対マヒ」、さらに全身にマヒが生じるが身体の上幹よりも下肢のマヒがより重い「両マヒ」、全身に重いマヒが生じる「四肢《しし》マヒ」などがあります。

また、症状の現われ方も違っており、大別すると上の4つに分類されます。大半を占めるのは、「痙直《けいちょく》型」と「アテトーゼ型」です。

脳性マヒの場合、乳幼児期の早いうちに発見することが大切です。早期発見のうえ、姿勢の異常を矯正したり、随意運動の発達を促したり、関節の変形を防ぐなど、適切な訓練を行うことで、症状を軽減できます。

乳幼児期

体形・体格の発達

赤ちゃんが頭でっかちなのはなぜ？

●頭でっかちなのは、人間の赤ちゃんだけ

人間の赤ちゃんは頭が大きくて、腕や脚、胴体が短い、という独特のプロポーションをもっています。これは人間の赤ちゃんならではの特徴です。例えば、馬の赤ちゃんは親の馬がそのまま小さくなったからだをしています。人間に近いと言われるチンパンジーでも、馬などにくらべれば頭の比率は大きいものの、赤ちゃんが自分で頭を上げられないほど大きいということはありません。

からだに占める頭の割合を「頭身比《とうしんひ》」と言いますが、人間の大人の頭身比はだいたい8頭身です。赤ちゃんの場合は4頭身で、生後2歳で5頭身、6歳で6頭身、12歳で7頭身とバランスがしだいに変わっていきます。

頭身比の変化（M.C.ダイアモンドら、1979）

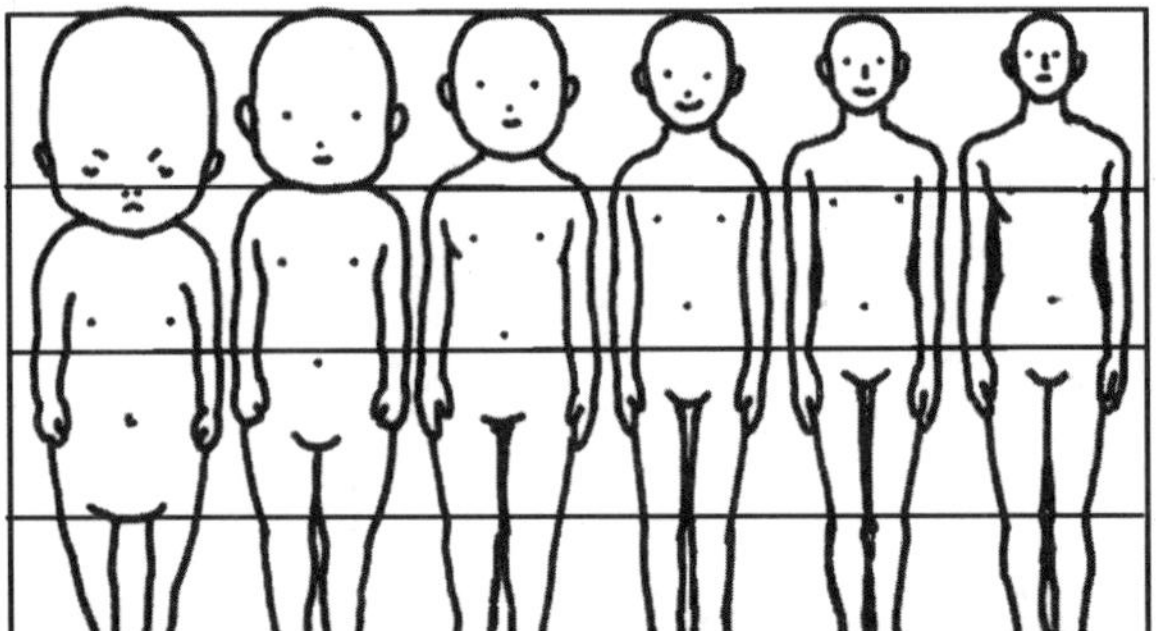

●脳が発達するために大きな頭が必要

実は、赤ちゃんが頭でっかちなのは、わけがあってのことなのです。

脳は生まれる前から発達し、生まれてから4、5歳になるまでの間、ほかの体の部分にくらべて格段の猛スピードで成長します（P123グラフ参照）。そこで頭でっかちになって、成長に備えているというわけです。

ちなみに、脳神経系の発達は、体の発達とも深く関係しています。事実、乳幼児期に脳神経系の発達に障害が現れると、精神面においても体を動かす能力においても発達が遅れることがあることがわかっています。たとえば、**統合失調症**は脳神経系の発達障害によって起こるという説もあるのです。

からだの発達が早い子は精神的にもマセているか？

小学校高学年にもなると、大人と変わらない体形の子がいて驚くことがあります。最近の子どもは生活の近代化などによって身体的な成長が早くなり、発達加速現象にあるのだとか。

なかでも、クラスにひとりは身体が大きくからだつきのおとなびた子がいるものです。こんな子は精神的にも大人な印象がありますが、どうでしょう。

多数の子どもを対象に心身両面の発達状況を調べた調査（高良、1959）では、乳幼児に限れば身体発達と精神発達が密接に関係していることがわかりました。しかし、身体は遺伝的影響、こころは環境的影響を強く受けて発達するため、環境的な影響の強くなる幼児期以降は、こころと身体の発達は必ずしも並行しないと考えられます。

＊統合失調症
かつて「精神分裂病」とよばれていた病気で、早ければ中学生ごろから発症する。幻覚や妄想が代表的な症状。脳の働きの異常で起こるとされ、治療によって社会復帰ができる。

主に児童期

成長速度

人間の「子ども時代」はどうして長い？

●人間には2回の急成長期がある

ポルトマンという研究者が人間とゴリラ、チンパンジーについて、年齢と体重の関係を調べたところ、下図の結果になりました。三者ともに共通するのは、成長速度は一定ではなく、急速に発達する時期とゆっくり発達する時期、また発達がある程度定着した時期の3種類があるということです。

一方、違っているのは、人間だけ二重の曲線となっていること。ひとつ目の山は乳幼児期にあたり、もうひとつの山は思春期にあたります。このように、人間には、生まれて成熟期を迎えるまでの間に2回の急成長期があります。具体的には0～2歳と12～18歳の間

体重の発達曲線の模式図（ポルトマン、1951を改変）

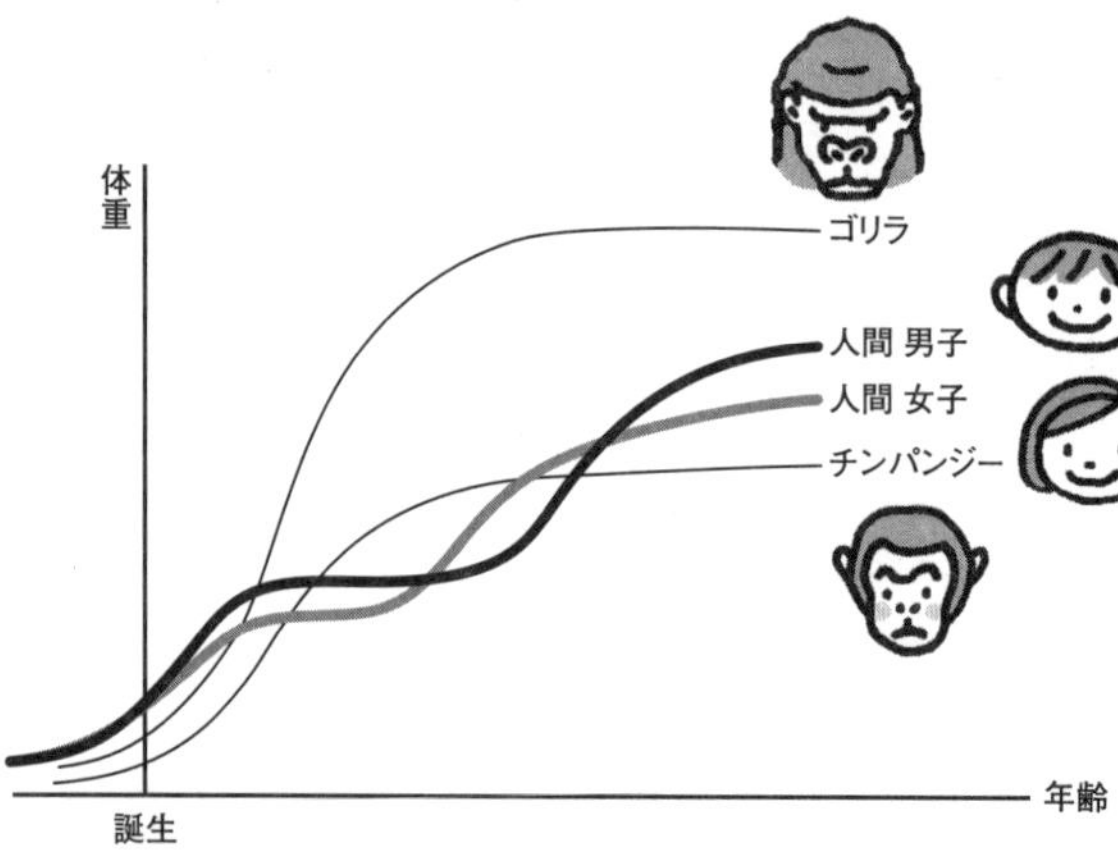

で、それらに挟まれた2～12歳ではゆっくり成長します。いわゆる「子ども時代」が長いことを表していますが、これは、他の動物にはない人間だけの特徴なのです。

●各器官によって発達のスピードが違う

「子どもは大人の小型版ではない」といわれるように、赤ちゃんと同じ体形の大人はいません。頭や胴体、腕や脚が同じスピードで大きくなっていくのではなく、成熟期には、頭は生まれたときの2倍、胴体は3倍、腕は4倍、脚は5倍になるのです。

R・E・スキャモンという研究者が年齢と各器官の発達を明らかにしています（上グラフ）。脳神経は乳幼児期に急速に発達し、その後はあまり発達しません。また、筋肉や骨格は2回伸びる時期があり、生殖器は思春期から大人になるにつれて急激に成熟します。

発達曲線のタイプ（R.E.スキャモン、1930）

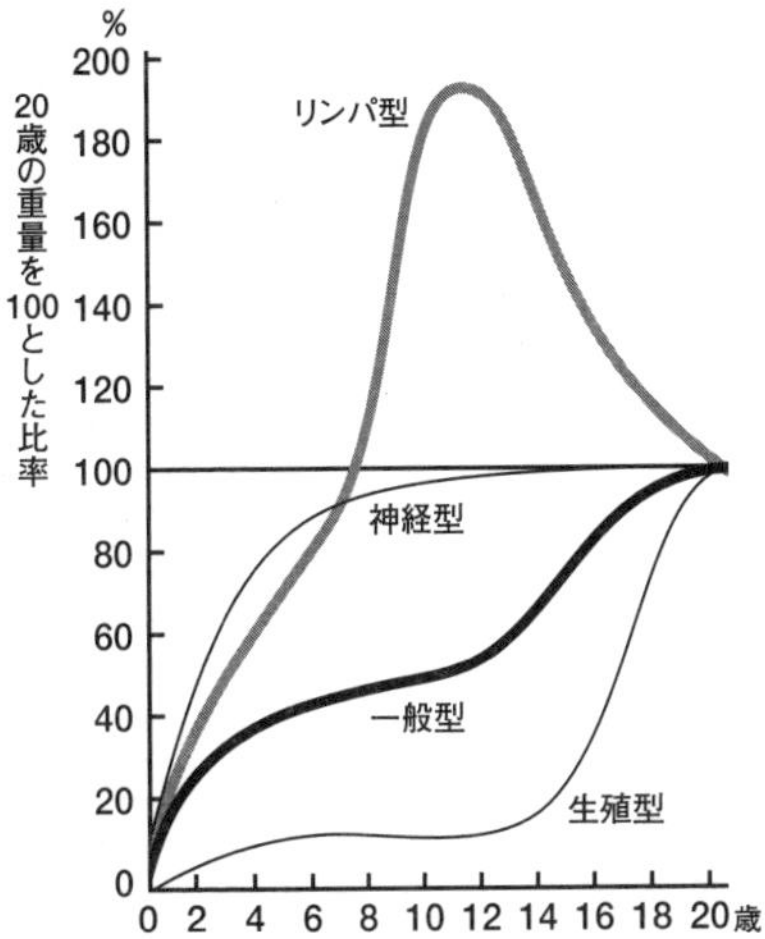

脳神経系を神経型、筋肉・骨格系を一般型、生殖系を生殖型、リンパ系をリンパ型として、年齢を追ってそれぞれの重量を調べたもの。

■はったつプチコラム■ かつて子どもは「大人のミニチュア」といわれた？
子どもが大人の小型版でなく、肉体的にも精神的にも独自の価値をもった存在であることが発見されたのは17世紀ごろ。以前の西洋絵画では、子どもは大人と同じプロポーションで描かれている。

主に児童期

環境しだいで体格も変わる？

体格の発達と環境

●体格は遺伝で決まるか環境で決まるか

まわりの親子を見ていると、親の身長が高いと子どもも背が高い、親が太っていると子どもも太っているなど、親子の体格が似ているということがよくあります。はたして体格というものは遺伝するのでしょうか。

日本体育大学の水野忠文氏は、双生児を対象に、遺伝や環境が体格・筋力・運動能力にどう関わるかを調べています。

その結果、個人差はあるものの、下表のように身長の発達は3対1の割合で遺伝的要素が強いことがわかりました。身長は遺伝で決まるという印象が強いですが、環境的要素も少なからず影響しているようです。また、体重や胸囲は身長と比べ、やや環境的要素が強く影響しているという報告が得られました。

つまり、体格の発達は多面的なもので、遺伝の影響と環境の影響が重なり合って発達していくものがあるとわかりました。

（水野忠文、1956年）

種目	遺伝	環境
身長	75	25
体重	63	37
胸囲	64	36

＊遺伝的要因と環境的要因
右の表は２つの要因がどんな割合で影響しているかを示したもの。体格の発達には、環境的要因よりも遺伝的要因のほうが大きく関与していることがわかる。

●子どもがすくすく伸びるには、温かい家庭が大切？

では、環境的要因とは具体的にどのようなものでしょう。大山氏は、幼稚園児を対象に、偏食の程度や家庭の経済、肉食の程度、遊びの形態などの要因が体格の発達にどう影響しているかについて研究しました。その結果、身長は遺伝のほか、経済的に恵まれているか、どれくらい栄養を摂取しているかとの関連が高く、逆に、体重については、遺伝の影響は弱く、経済的状況、出生前後の環境、また、栄養摂取量との関連が高いとしています。

社会経済環境についていえば、上層階級や都会に住む子どもの方が、より発達しているという結果が明らかになりました。

栄養面や経済面で恵まれ、都市化が進んでいる現代の子どもの体格が、戦前とくらべてよくなっていることも、ここから考えると当然といえます。

また、ホップウッドとベッカーという研究者による研究では、ひどい家庭状況が原因でPTSDになった4歳の男の子について調べたところ、家庭にいると発達が止まってしまうのに対して、入院したり養子に入ったりするなど環境がよくなったら、急激に発達したとの結果が現れたのです。つまり、子どもの体格の発達にとっても、栄養がとれているかだけでなく、温かい人間関係や愛情などの要因が大切だということが証明されたのです。

■はったつプチコラム■　体格はいいが体力がない？　現代の子ども

身体的な成長の早い現代の子どもだが、文部科学省が実施している「体力・運動能力調査」によると、体力・運動能力は年々低下の傾向にあるのだとか。

乳幼児期

運動発達の過程

赤ちゃんが「ハイハイ」するのはなぜ？

生まれたばかりの赤ちゃんの手のひらに指を触れると、強く握りしめてきます。また、わきの下を支えて立たせ、脚を軽く床に触れさせると、下肢に力を入れて全身を力ませます。実は、これらは「反射」であって、赤ちゃんの意思に関わりなく起こっているのです。生まれてすぐから反射はあり、生後1カ月ごろからだんだんなくなっていきます。それにつれて現れてくるのが「随意《ずいい》運動」と呼ばれるもので、反射とは違って「意識して行う運動」といえます。

随意運動の発達には一定の法則があります。頭部から脚部の方向に、そして、体の中心部から周辺部に向かって発達する、というのがその法則です。たとえば、赤ちゃんが、お座りからハイハイを経てひとりで歩けるようになるまでの過程は、体全体を使った運動から、脚を使った運動ができるようになるまでのひとつの過程とみることができます。

また、ひとり歩きできるようになった後、からだの成長にしたがって走る、蹴る、飛ぶなどの運動ができるようになります。それと同時に左表のように、手指を使った**微細運動**もより高度な動きができるように発達していくのです。

＊微細運動
歩く、走るといった身体のバランスを必要とする粗大運動と対比され、手指を使った細やかな運動をいう。肩から腕へ、腕から手へと発達する。

運動発達のめやす
～随意運動の発達～ (MM. シャーレー)

出生＼行動分野	粗大運動行動	微細運動行動	適応行動
4週	頭が垂れる 強直性頚反射	手を握りしめている	ぼんやりと周囲を眺める 目で追うが限られている
16週	首がすわる 対称位をとる	手が開く ひっかく、つかむ	巧みに目で追う 手のガラガラをじっと見る
23週	手で前に支えてちょっとの間座れる、足でよく体重を支える	積み木をつかむ 小球をかき集める	積み木を持ちかえる
40週	ひとり座り ほふく、つかまり立ちをする	つかんだものを粗く離す 手の先でつつく	びんを持って小球をつまみ上げようとするか、つまみ上げる
52週 （12カ月）	支え歩き 四つ足で這う	上手に小球をつまむ	コップの中に積み木を入れる 積み木をふたつ積もうとする
18カ月	転ばずに歩く ひとりで椅子に腰掛ける	2～3ページいっしょにめくる 3個の塔を作る	びんを傾けて中の小球を出す 殴り書きをする
2歳	よく走る ボールを蹴る	ページを1枚ずつめくる 6個の塔を作る	円書きをまねる 6個の塔を作る
3歳	片足で立つ その場跳びをする	おとなのようにクレヨンを持つ 10個の塔を作る	○をまねて書く 3個で橋を作る
4歳	片足で跳ぶ 幅跳びをする	線の間をたどって描く	5個で門を作る 十字型をまねて書く
5歳	両足で交互に跳ぶ		10個のものを数える △をまねて書く

児童期

環境と運動能力

子どもの運動能力を伸ばす環境

●運動能力は遺伝で決まる？　環境で決まる？

スポーツ選手の子どもが同じくスポーツで成功を収める、という話をときどき耳にします。運動能力は一体どこまで遺伝しているのでしょうか。

運動能力について、遺伝的要素と環境的要素がどのように関係するかについて、前出の水野氏が双生児の研究で明らかにしています。それによると、右手の握力については、遺伝が26パーセント、環境が74パーセントと環境的要因が強くなっています。しかし興味深いことに、左手の握力は逆に遺伝的要素が強いという結果が出ているのです。よく使う右手はそれだけ環境の影響を受けやすいというわけでしょう。このように、筋力については、遺伝よりも環境の影響が強い傾向にあることがわかっています。

一方、足の速さや**バーピーテスト**など敏捷性が問われる体力テストでは、遺伝によるものがかなり大きいことがわかりました。運動能力といっても、環境の影響を受けやすい面と受けにくい面があるのです。

＊バーピーテスト
10秒間にできる腕立て伏せの回数を測るもので、大筋群の協応や敏捷性を測ることができる。

努力で伸びる運動能力・伸びない運動能力

(水野忠文、1956年)

項目	種目	遺伝	環境
筋力	握力(右)	26	74
	握力(左)	57	43
	背筋力	25	75
運動能力	立幅跳	11	89
	垂直跳	27	73
	ボール投	54	46
	50m走	79	21
	バーピーテスト	68	32

●遊び友だちが多いほど運動能力は高くなる

運動能力が環境に左右されるということは、体を動かせば動かすほど能力が高くなると考えられます。実際、体を使ってよく遊ぶ子は運動能力が発達しているという結果が報告されています。

また、遊ぶときには、ひとりで遊ぶよりも友だちと一緒に遊ぶほうが、運動能力がより発達するということがわかっています。友だちと一緒に遊ぶことで遊ぶ時間が長くなり、また、外で遊ぶ機会が自然と増えることで運動量が増加するからです。さらに、友だちと遊ぶことで遊びの内容が変化したり発展したりして、量も質も運動能力の向上によい影響を与えているといえるでしょう。

実際、遊び仲間の多い子どもの運動能力は少ない子どもよりまさっていることや、女友だちが多い男の子

■はったつプチコラム■　握力は年をとっても衰えにくい

運動能力には、老化によって衰えやすいものと衰えにくいものがある。たとえば握力など日頃使う機能は、他の運動機能と比べて低下しにくい。

運動能力を伸ばす環境とは……

1

集団で遊ぶ

友人やきょうだいなどと集団で遊んだほうがより効果的。理由は、遊ぶ時間が長くなる、運動量が増加する、遊びの内容が多様になるなど、運動発達に望ましい要素が増えるから。

2

走り回って遊ぶ

シーソーなど遊び道具を使って遊ぶよりも、鬼ごっこなどただ走り回って遊んだほうが運動能力を伸ばすのに効果的であることが確認されている。

3

適当な道具を使って遊ぶ

●ボールは大きめのもの

小さい子は、ドッジボールなどの大きめのボールを使ったほうが、正しい投げ方を覚えやすく、運動能力も発達しやすい。

●鉄棒の高さ

前まわりや逆上がりでは腰くらいの高さ、ぶら下がる場合は肩くらいの高さなど、適当な高さの鉄棒でなくては子どもは運動しにくく、能力も伸びにくい。

よりも男友だちの多い男の子のほうが運動能力が優れているなどの報告もあります。

最近、子どもの運動能力の低下が報告されていますが、これもきょうだいの数が減少してひとりで遊ぶ機会が増えたり、都市化によって外で子ども同士で遊ぶ機会が昔より少なくなってきたことや車での移動が増えたことなどが影響していると考えられます。

●運動能力を発達させる遊び方とは？

さらに、遊び方や遊ぶ環境も運動能力の発達を左右します。

ブランコやすべり台など固定した遊び遊具を使って遊ぶときと走りまわって遊ぶときとでは、運動能力の発達に差が現れます。遊び道具を与えるよりは、走りまわる広い空間を与えてやる方がはるかに有効なのです。

また、遊び道具を使う場合は、何を選ぶかで発達に影響が現れます。ボールについていえば、幼児の小さい手に合ったボールを与えるよりも、大きいボールを与えた方が早く正しい投げ方を覚え、運動能力の発達によい影響を与えます。鉄棒なら、身体を回転させる運動なら低い鉄棒を、ぶら下がって何かをする運動なら高い鉄棒など、それぞれの動作に合ったものを与えることで上手にこなすようになります。難しいといわれる「逆上がり」も、実は鉄棒が高すぎてしづらくなっているという場合が多いのです。

■はったつプチコラム■　ひとりっ子には運動オンチが多い？
きょうだいがいると小さい頃から外で遊ぶ機会が多いが、ひとりっ子は家の中で遊ぶことが多いため、一説では運動能力が発達しにくいといわれている。

チック症

C A S E S T U D Y

●妹の誕生をきっかけにチックの症状が……

Iくんは、小学校2年生の男の子です。最近、Iくんにはかわいい妹ができました。母親が無事出産を終えて家に帰ってきたころ、Iくんに気になるクセがみられるようになっていたのです。それは、顔をしかめるようなまばたきでした。このまばたきは、ぼんやりテレビを見ているときや食事中によく見られました。Iくんは生まれたばかりの妹を大変かわいがりましたが、このクセは両親が妹に構えば構うほどひどくなり、やがて肩をすくめるなど、別のクセも出てくるようになりました。両親といっしょに医療機関を受診したところ、「一過性チック障害」の診断を受けました。

こころの状態だけでなくもともとの体質も関係している

突発的に起こる筋肉の反復運動をチックといいますが、これを主な症状とするのがチック症です。チック症はかつて、心因性のものと考えられてきました。

しかし、最近では、脳内の神経伝達物質のアンバランスなど生物学的要因がベースにあって、心理状態によってそれが引き出されるとされています。

チックには、まばたきを代表とする「運動チック」とせきばらいをはじめとする「音声チック」の2種類があります。それぞれ素早い動きをする「単純チック」が典型的ですが、まれに動きの遅い「複雑チック」もあります。たとえば、複雑な音声チックとして、非社会

■はったつプチコラム■　チックはADHDや強迫性障害を併発しやすい？

チック症を持つ子どもには、強迫観念を抱いてしまう「強迫性障害」やADHD（P186）が見られることが。とくにトゥレット症候群では、衝動性や攻撃性を伴いやすいとされる。

的な単語や卑猥《ひわい》な単語を口走ってしまう汚言《おげん》症などが現れることもあります。

また、「目がかゆいからまばたきする」「肩がこるからすくめる」など、チックが起こる体の部位に違和感を抱き、チックの直後に開放感を感じることもあります。この場合「目がかゆい」「肩がこる」こと自体が、チックにともなって起こる症状と考えられます。

チック症状とは？

運動チック

単純チック➡まばたき、目を回す、横目、口をゆがめる、顔をしかめる、首の急な動き、肩をすくめる

複雑チック➡表情を変える、身づくろい、跳ぶ、地団駄をふむ、匂いをかぐ

音声チック

単純チック➡せきばらいをする、鼻をならす、鼻を犬のようにくんくんさせる、うなる、ほえる

複雑チック➡状況と関係のない単語、音のくり返し、汚言症、反復言語、反響言語

症状が現れるかどうかは精神状態によって決まる？

チック症には、1年未満で症状が消える「一過性チック障害」のほか、運動か音声のどちらかが1年以上続く「慢性チック障害」、さまざまなチックが1年以上続く「トゥレット症候群」の3つの種類があります。このうち最も多いのは一過性のものです。いずれのチック症も大人になると消えていきます。

チックは子どもの10人にひとりが経験するといわれ、とくに6～7歳ごろによく見られます。男児に多いのも特徴のひとつです。

またチックは、精神状態によって症状が変動します。つまり、精神的に安定しているときは現れず、緊張している状態や、緊張から解放されたときなどに増加するのです。

＊トゥレット症候群

7歳前後に発症し、単純運動チック、単純音声チック、複雑運動チック、複雑音声チックと多様な症状が1年以上続く。10歳なかばをピークとして軽快していくのがふつう。

キーワード

【摂食障害】

社会のスレンダー志向を受けて、拒食症や過食症などの摂食障害を抱える子どもが増えている。子どもの栄養障害は心身にとり返しのつかない障害を与えてしまう――。

●拒食症と過食症は表裏一体

飽食の時代といわれる現代に「摂食障害」を抱えた子どもが増えてきています。摂食障害は、やせ願望やストレスなどで食事の量が少なかったり食べすぎたりすることで、脳の摂食調節システムに異常が生まれ、栄養障害が起こって心身のさまざまな症状をよんでしまう病気をいいます。進行すると、異常な食行動を自分で止めることができなくなり、病気が慢性化してしまいます。

代表的な摂食障害には、食べることを拒否し痩せていく「拒食症」（正確には、神経性無食欲症）と、食欲を抑えきれずに異常な量を食べてしまう「過食症」（神経性大食症）の二種類があります。過食症と拒食症は表裏一体をなしており、摂食障害をもつ人の約3割が、拒食症と過食症をくり返しているともいわれています。

●成長中の心身に与えるダメージは大きい

摂食障害は思春期～20代の女子に圧倒的に多く、早ければ10代はじめに起こります。この時期は思春期スパートともよばれるように、心身の成長がダイナミックに進む時期です。そのため、摂食障害になって成長が阻まれると、低身長や2次性徴の遅れ、骨《こつ》粗《そ》しょう症、不妊症さらには精神障害など、心身に重い障害が生まれてしまいます。

摂食障害は多くの場合、ダイエットをきっかけに起こります。しかしその背景には、きれいになりたいという願望のほかに、思春期特有の不安や、家庭や学校による心理的ストレスなど、さまざまな要因が関係しているようです。

摂食障害の予防のためにも、子どもをまるごと受容するような温かい家庭を親が保つことは大切といえるでしょう。

また、摂食障害になる子どもには人間不信や自己不信などを幼児期から感じていたり、周囲の評価に敏感あるいは潔癖で几帳面など性格的な傾向があるともいわれます。

小さい頃から手のかからず、自己主張の乏しい子や、過保護に育てられ挫折に弱い子に多いという説もあります。

●早期発見が大切 子どもの変化に注意を

摂食障害で大切なのは早期発見です。進行すればするほど、治療は難しくなります。

――「やせたいから」。原因はそれだけではない

早く発見されれば治療は比較的やさしいのですが、実際には発症から1年ほど経って病院を受診するケースが多いようです。早期発見のために、まず親が子どもの変化を見過ごさないように心がけることが大切です。

食事を大量に残す、あるいは隠れて大量に食べている、トイレにこもる時間が長い、食べているはずなのに顔色が悪い、爪が白っぽい、髪がパサついているなど、気になるサインを見逃さないようにしましょう。

発達子ども相談室③

幼稚園に行きたがらない

幼稚園に入園して半年になる女の子です。
おとなしく普段から私にべったりなのですが、
最近、幼稚園に行くのを嫌がるので困っています。
手を引っ張って連れて行こうとすると、
腹痛を訴えたりすることもあります。
このままでは、現状だけでなく将来も不安です……。

**登園拒否の原因がどこにあるのか、まずは探ってみて。
そのうえで幼稚園と信頼関係を築き、
協力しあうことが大切です。**

幼稚園で他の子どもにうまくなじめず、孤立している傾向はありませんか。

ただでさえ、多くの子どもにとって、幼稚園は家庭以外の集団社会に参加するはじめての機会です。慣れしたしんだ家庭からの分離に、何らかのストレスを感じても不思議はありません。内気な子の場合は、集団にうまく適応できないという悩みも加わることが多いのです。あるいは、体操、プール、歌など、何らかの活動を避けて登園を拒否していることもあるので、まずは登園を渋るいちばんの原因を、先生などと相談してみるといいでしょう。また親のほうが分離不安を抱いていて、子どもの自立を間接的に妨げているケースもあります。他の親と比べて心配しすぎるきらいがないか、振り返ってみましょう。

とにかく大切なのは、幼稚園との協力です。園に相談すれば、集団に溶け込めるようほかの子どもに働きかけたり、苦手な活動は見学にするなど、特別の配慮をしてくれるはずです。どうしても登園を拒否する場合には、無理矢理行かせる必要はないでしょう。その場合、そのまま登校拒否につながらないよう、家庭以外に社会と接する場を保つことが大切です。

第4章
本当の「知力」を身につける
～知能と言葉の発達～

・車は机より高価
・家は車より高価
…とすれば一番高価
なのはどれ？
車！
家だよ
7歳
12歳

できれば頭のいい子に育ってほしい、とは
多くの親がひそかに望んでいることではないでしょうか。
言語能力や思考力など、知力に関係する要素は
心理学ではまとめて認知能力とよばれます。

乳幼児期

知覚の発達

赤ちゃんは何を見ている？

●生まれたばかりの赤ちゃんも視力はある

赤ちゃんを見ていると、こちらが恥ずかしくなるくらい、じっと見つめてきます。以前は生まれてすぐの赤ちゃんは目がほとんど見えないと言われていましたが、本当に視力がないのでしょうか。

実は、新生児にも０・０３程度の視力があり、20～30センチくらいの距離までなら見えています。また、形や色を区別することもできます。ファンツは新生児を、人の顔に似た絵、文字、シンプルな模様、赤や白、黄色といった色だけをつけたものを見せ、赤ちゃんがどのくらい注視するかを調べました（左図参照）。その結果、人の顔に似た絵をより長く注視し、色では、白より赤や黄色といった有色をより長く注視しました。新生児もすでに興味や好みがあるのです。

月齢が進むにつれ、さらに視力は発達していきます。１歳で０・４

赤ちゃんの焦点

生後間もない赤ちゃんは、30センチほどの距離にしか焦点を合わせることができない。この距離は、赤ちゃんを抱き上げたときに大人と視点を合わせることのできる距離に等しい。つまり、赤ちゃんは視力が不十分でも、親と目でコミュニケーションできる素養をもっているのだ。

赤ちゃんの好きな絵は？
〜選考注視法〜（Fantz,1961より）

実験 赤ちゃんに下のような6種類の図形を見せ、
それぞれの図形をじっと見つめている時間（注視時間）を調べる。

結果 単純な図形よりも複雑な図形を長時間見つめ、
とくに人の顔を模した図を長く見つめていることがわかった。

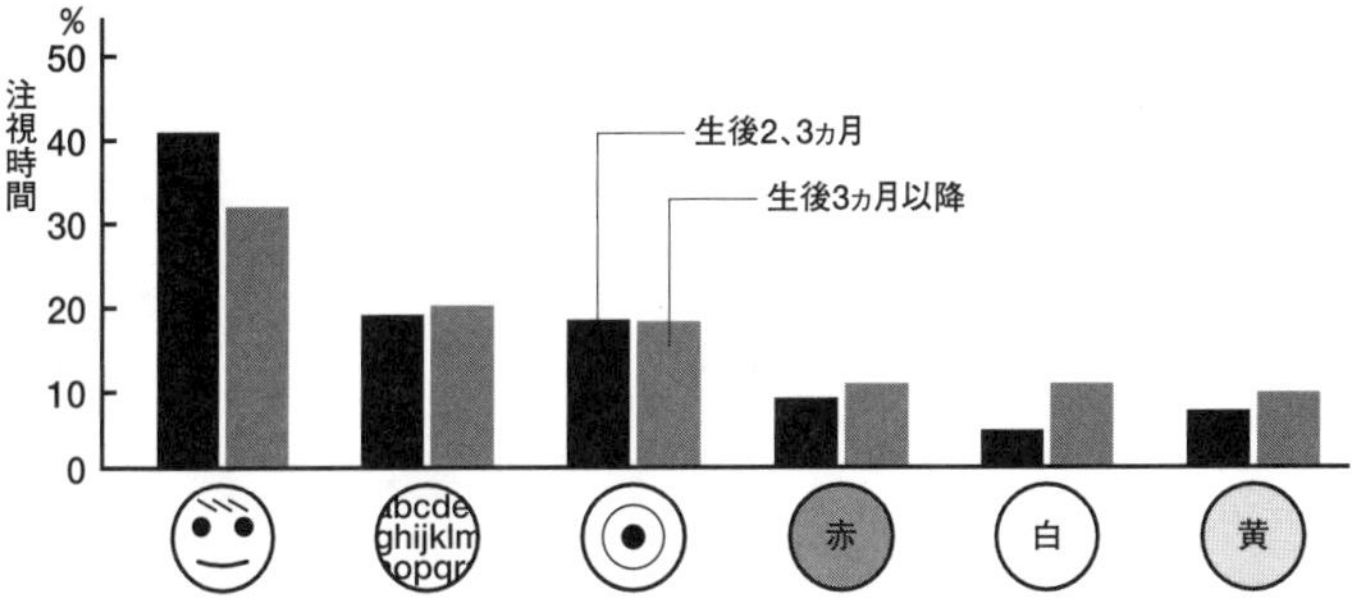

くらいになり、3〜5歳になると大人と同じくらいまで見えるようになります。

●赤ちゃんは女性の声がお好き？

新生児には聴力もあり、音を聞き分けることができます。両親が同じように赤ちゃんに声をかけると、お母さんの声により強く反応します。周波数の高い女性の声が、赤ちゃんにとって心地よいのです。

また、アメリカで行われた実験で、新生児に子守唄、メトロノームの音、心音の3つを聞かせたところ、心音を聞いたときが一番、赤ちゃんを落ち着かせることができました。赤ちゃんがママのだっこで落ちつくのは、ちょうどママの心音が聞こえるためでもあるのでしょう。

■はったつプチコラム■　赤ちゃんは鼻がいい？
赤ちゃんの嗅覚は、視覚や聴覚と比べ非常によく発達していて、生後1〜3日でも匂いを嗅ぎ分け、腐敗臭や刺激のある匂いには不快を現す。

主に児童期

子どもが知力を身につけるまで

──認知能力

●赤ちゃんはなぜ同じ行動をくり返す？

心理学ではよく、「認知」ということばが使われます。心理学でいう認知とは、人間の情報処理過程のすべてを指します。たとえば、「玄関の外に出たら寒かった」という状況では、私たちは感覚を通じて寒さを感じとり、「もう一枚服を着よう」とか「外出はやめておこう」などと判断をします。このとき、私たちは知覚する、理解する、判断するといった一連の情報処理を行っています。つまりこのように、周囲の情報を自分の中にとり入れ、意味づけをして、適応していく過程こそが認知といえるのです。これに関わる知覚や思考、記憶といったものは、すなわち認知に含まれるのです。

発達心理学の父といわれるフランスのＪ・ピアジェは、認知能力の発達を左表のような４つの段階に分け、知的機能がどのように発達し

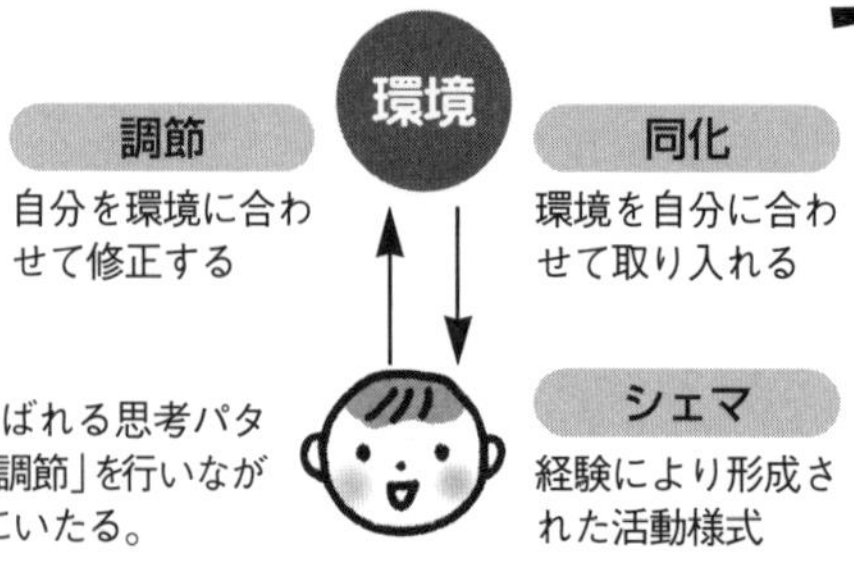

環境
調節
自分を環境に合わせて修正する
同化
環境を自分に合わせて取り入れる
シェマ
経験により形成された活動様式

ピアジェによる認知の基本機能

子どもは「シェマ」と呼ばれる思考パターンを持ち、「同化」と「調節」を行いながら、さらに高度な思考にいたる。

思考はどう発達していく?
～ピアジェの理論～

基本段階		年齢のめやす	特徴
感覚運動期		0～2歳	・感覚を通じて外界の事物を学び、環境に適応していく時期。 ・何度も同じ活動をくり返す「循環反応」がみられる。
前操作期	前期	2～4歳	・ごっこ遊びがみられる→イメージによる思考ができる時期。 ・物事に対してはっきりした概念が成立していない（例：4本足の動物を「ワンワン」と呼ぶなど）。 ・イメージと言語を併用して思考する。
前操作期	後期	4～7歳	・概念が安定し、一般的な概念に近づく時期。 ・論理的思考ができず、直観的な判断をする→「保存」の概念ができていない（P143）。
具体的操作期		7～11歳	・論理的思考が成立する時期。 ・抽象的な概念については、論理的思考ができない。
形式的操作期		11～15歳	・成人と同じような論理的思考ができるようになる時期。 ・抽象的な概念、架空の事象についても、論理的思考ができる。

表象的思考ができる（イメージや概念を抱ける）（前操作期以降）

論理的思考ができる（具体的操作期以降）

ていくかを総合的に示しました。

まず、感覚運動期は0～2歳くらいにあたり、知的活動が始まる時期です。まだことばを使うことができないので、おもに感覚によってまわりの刺激や情報に対応します。物を手でつかんだり、口に入れたりして確かめたりするのは、手の感覚や舌の感覚によってその物を認識しています。次に、「循環反応」といって、おもしろいと感じたり心地よいと感じたことをくり返し行うようになります。たとえば、電気のスイッチを何度もつけたり消したりして遊んだりするのは、循環反応のひとつなのです。

●大人に近い思考が身につくのは12歳以降

前操作期は、「象徴的思考段階」と「直感的思考段階」に分けられます。象徴的思考段階では、

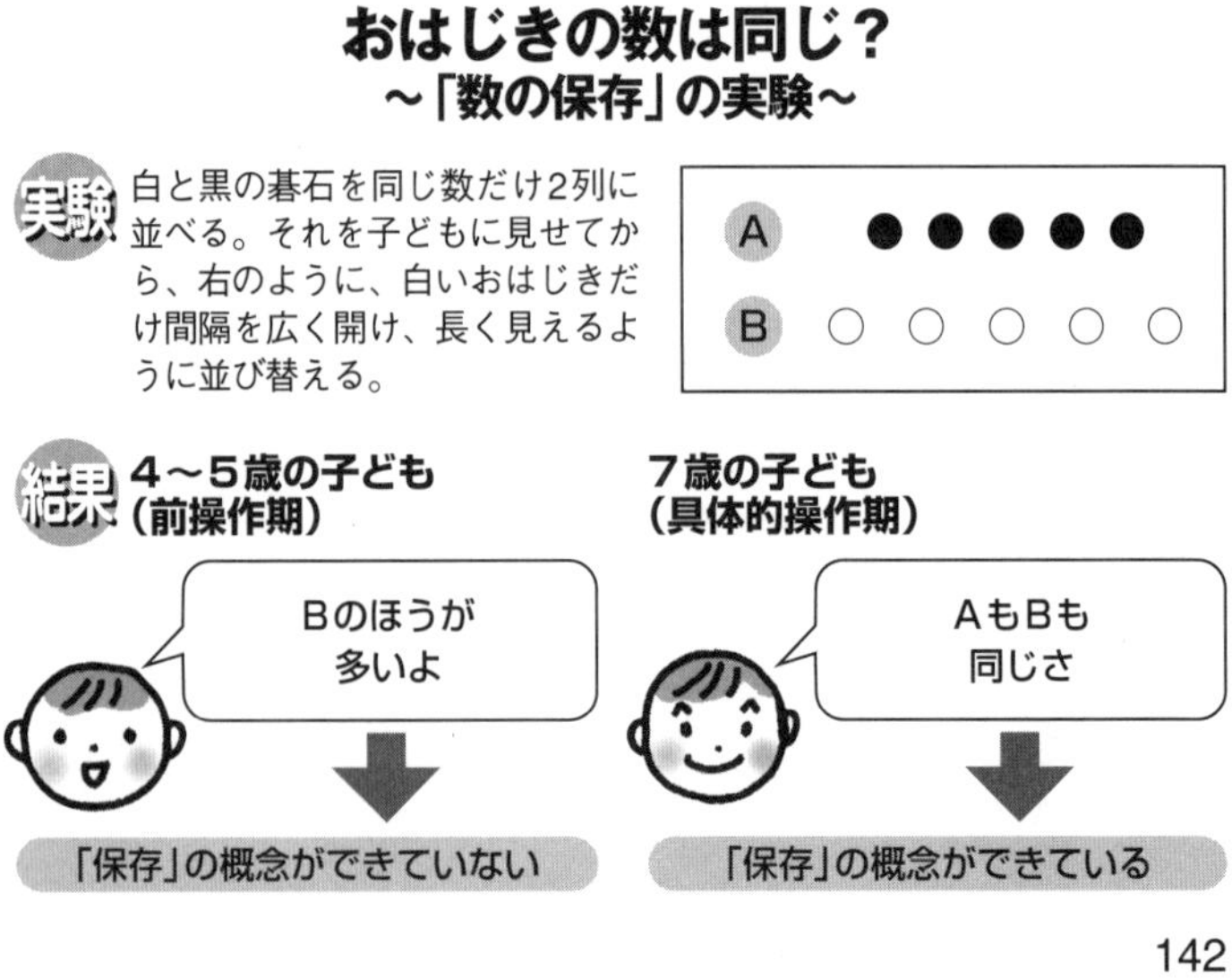
おはじきの数は同じ？
～「数の保存」の実験～
実験
白と黒の碁石を同じ数だけ2列に並べる。それを子どもに見せてから、右のように、白いおはじきだけ間隔を広く開け、長く見えるように並び替える。
A
B
結果
4～5歳の子ども
(前操作期)
Bのほうが多いよ
「保存」の概念ができていない
7歳の子ども
(具体的操作期)
AもBも同じさ
「保存」の概念ができている

目の前にないものを確実ではないながら、思い浮かべることができる段階です。たとえば、「アイスクリームを食べる？」と子どもにいうとうれしそうにするのは、アイスクリームのイメージを頭に描くことができるからです。直感的思考段階では、さらに多様に考えられるようになるとともに、言語を使った思考が中心になりますが、物事をいろいろな面から見ることはまだできません。たとえば子どもの目の前で、大きさと形の違うコップに同じ量の水を注いでも、見た目に惑わされて水の量が違うと思ってしまうのです。

具体的操作期には、「容器の形や大きさが変わっても、水の量は同じ」という**保存の概念**を理解できるようになります。しかし、この時点では目の前にある事象については論理的思考ができても、架空の事象については論理的に考えることができません。架空の事象や抽象的なことでも論理的に考えることができるのは形式的操作期で、この時期の終わりには、成人と同じような論理的思考ができるようになります。

論理的思考をマスターするのはいつ？

・車は机より高価
・家は車より高価
…とすれば一番高価なのはどれ？
車！
家だよ
7歳
12歳

7～12歳（具体的操作期）の子どもは、架空の事象や抽象的な概念については論理的事象ができず、でたらめに答えてしまうことが多い。

＊保存の概念
ピアジェが唱えた概念で、形や配置など見かけは変わっても、性質（数や量）は一定のままであると確信すること。

乳幼児期

幼児が自己中心的なのは当然？

――子どもの思考

●自己中心的なのは、論理的思考ができないから？

庭に植わっている花を切っているお母さんを見て、子どもが「お花がイタイイタイって泣いてるよ」と言ったりすることがあります。思わずほほえんでしまうような話ですが、これは幼児独特の考え方に基づくものなのです。

子どもは自分と他人との違い、自分と他の物との違いをうまく理解できないために、このような発想になります。自他が未分化なために自分を中心に物事を考えてしまい、他人の視点に立って考えたり、自分と対象との関係を捉えて行動したりすることができないのです。

ピアジェは、このような幼児期の思考を「**自己中心性**」とよんでいます。お腹が痛いというお母さんを見て、お腹が痛いのは自分のせいだと考えるのも、自己中心性の現れといえるでしょう。自己中心性は、論理的思考がまだできない前操作期の2~7歳にみられ、具体的操作期になると、次第に少なくなっていきます。そのように発達することを、自己

＊自己中心性
自分の立場から離れて客観的に物事を見ることができない、幼児期の思考の特徴。ピアジェは、自己中心性からの離脱を発達の重要なポイントとしている。

中心性からの離脱という意味で、「脱中心」ということばで表しています。

●子どもはなぜひとりごとを言うのか

ひとりで遊んでいる幼児を見ていると、よくひとりごとを言っているのがわかります。また、友だちと遊んでいるときも、友だちに何か話しかけているというよりは、自分に対しておしゃべりしていたりします。ピアジェによれば、子どものひとりごとも自己中心性によるものであり、自己中心性スピーチと呼んでいます。

なお、先のエピソードのように、無生物や植物などにも人間のように心や意思があると考えることを「**アニミズム**」と呼びます。人形をまるで自分の子どものように扱ったり、たたいた机に対して「痛かったね、ごめんね」と謝ったりするのも、アニミズムの表れです。子どもに絵を描かせると、太陽や木、家にまで顔をつけたりしますが、それも太陽や木、家を自分と同じと考える自己中心性から発する幼児独特の考え方なのでしょう。

子どもの描く絵には自己中心性が現れる？

＊アニミズム
生物以外のものや、植物などにも、人間と同じように心があると信じることを指していう。ピアジェによれば「子どもが自分の心の中のできごとと外界の事象そのものの中で行われているできごとを区別できない」ことによって生じるとされ、自己中心性のひとつの例といえる。

主に児童期

言語能力①

家庭での会話が、子どもの言語能力を磨く？

●音のくり返しから、意味のある言葉へ

生まれてすぐの赤ちゃんは「アー」とか「ウー」などと言うだけですが、しだいに「パパ」や「ママ」といった意味のあることばを発するようになります。

ことばの発達はまず、音声を識別し、習得することから始まり、「アー」「ウー」といったことばを出します。これは、母国語に関係なくだいたい同じです。そのあと、**喃語**《なんご》と言って、「ババババ」「ムウムウ」といった、特定の音をくり返すようになります。喃語は一定の抑揚やパターンを持っていますが、まわりの大人のことばをまねていると思われます。

生後10～11カ月ころになると、意味のあることばを発するようになります。「パパ」や「ママ」、「バイバイ」といった反復語で、1語だけを発します。1語ではあっても文の働きも持つので、「一語文」と言われています。たとえば、赤ちゃんは単に「ワンワン」で済ませていますが、「ワンワンがいる」「ワンワンが怖い」「ワンワンがこっちに来る」など、「ワンワン」にいろいろな意味が含まれているのです。

＊喃語（なんご）
「バーバー」などくり返し言葉で、生後6カ月以降の子どもに見られる。成長にしたがって、「バーブー」など違う音を組み合わせた非重複性の喃語となる。

言葉はどのように発達する？

1歳前後　　1歳後半～2歳　　3歳　　4～5歳

マンマ
ママのコップ
ママのコップが落ちた
怒ってるママはきらい！

1歳前後：初語（一語文）が出る。ひとつの単語には複数の意味が含まれる。

1歳後半～2歳：二語文が出る。文章で話せるようになる。「の」などの助詞が使える。

3歳：三語文、四語文が話せるが、文章の構造は単純。

4～5歳：4～5文節で、複文構造の言葉が話せるようになる。

そして**統語**ができるようになると、二語文、三語文がいえるようになり、6歳くらいになるとある程度まとまった文を話すようになります。ただし、3歳くらいまでは発音器官の発達が不十分なため、「ふたつ」を「ふたちゅ」と言ったりと、いわゆる幼児言葉です。

●言語の発達は環境にも左右される

E・ハーロックという研究者は、言語の発達は環境と遺伝の双方に左右されると述べています。彼によると、男の子よりも女の子のほうが早く発達するほか、知能や健康状態も言語の発達に関係するとしています。また、子どもとの会話が多いか、子どもが上手に話せたときに励ましているかなど、家庭環境も言語の発達に必要だと言っています。

＊統語
単語を組み合わせて文章をつくり上げること。子どもは、周囲の会話などから文章のセオリーを導き出し、自分なりに工夫して文章をつくるといわれている。

主に児童期

●——言語能力②

言語能力なしでは知力は伸びない？

●ことばは考えるための道具？

子どもに絵を描かせている間に、青鉛筆だけを隠したところ、「青がないなぁ。どこに行っちゃったんだろう。どうしよう。しかたない。緑の方を使えばいいかな……」などと、ひとりごとが多くなったという報告があります。これは、L・S・グロッキーという研究者による実験結果ですが、思うように行動できない状況になると、子どもは普通の2倍もひとりごとが増えることがわかりました。つまり、ことばは子どもが問題を解決するために使われているのです。このように、ことばはコミュニケーションの道具としてだけではなく、考えるための道具でもあります（**外言《がいげん》と内言《ないげん》**）。

そして、4歳前後の時期は、ことばを外に発しないと表現できないので、考えたことがそのままことばとなって口から出て、ひとりごととなっていたのです。年齢を重ねるにしたがって、口に出さずに自分の内部で表現する、つまり頭で考えることができるようになっていきます。

＊外言と内言
音声にして外に出す通常の発話を外言、心の中のつぶやきを内言と言う。外言が伝達の手段であるのに対し、内言は思考の手段であることが多い。

●ことばで行動をコントロールできる？

また、ことばは行動を調整する働きももっています。A・R・ルリアという学者がそのことを証明する実験を行っています。赤いランプがついたら「押せ」と言いながらボタンを押し、青いランプがついたら「押すな」と言いながらボタンは押さないという指示を子どもに与えました。3～4歳児では、「押すな」と口で発しながらも間違えてボタンを押してしまうことがよく見られたのですが、5～6歳では、誤りはほとんど見られませんでした。つまり、この年齢になると、言葉で自分自身の行動をコントロールできるようになるのだとわかります。このようにして、児童期にたくさんの言語的な意味を習得することで、知的機能を高めていくことができるのです。

Break

インク？ 犬？ 認識を左右することばのマジック

ことばは、時には物事の捉え方を変える力を持ちます。例として、左の絵を紹介しましょう。何に見えますか？ インクのしみのようだという人が大半でしょうが、「林を嗅ぎまわる犬に見える」と聞けば、犬の絵に見えてくるという人もいるのではないでしょうか。

■はったつプチコラム■　3歳児にはしりとりができない？

3歳児はたとえば「くるま」の最後の音がわからずしりとりができないことがある。これは幼児が、単語を音節ではなく構成音全体の形で認識しているため。

記憶力

子どもが「覚えられない」のはなぜ？

大人と子どもの記憶力はどう違うのでしょう。いくつかの単語を覚えてもらい、覚えたものがカードの中にあるかどうか答えさせるというテストをしたところ、大人と子どもでは、結果にあまり差が見られませんでした。つまり、**記憶のメカニズム**は小さいうちから機能し、子どもが頭の中に入れておける記憶の量や時間は、大人と大きくは変わらないというわけです。でも、5歳くらいの子どもに電話番号を聞くと、「わかんない」と言われることがあります。一体どうしてなのでしょう。

同じ記憶力のテストで、思い出すときに何も手がかりを与えないで答えさせる方法をとったところ、大人の方が子どもよりもずっと成績がいいという結果になりました。子どもは、覚えられないのではなく、「思い出せない」だけだったのです。

記憶のしくみは、まず情報を取り込み、そのまま頭の中に入れておき、その情報を思い出すという3段階に分かれています。あとで思い出しやすくするためには、情報を取り込む段階で効果的な覚え方をする必要があります。これを記憶方略《きおくほうりゃく》と呼んでいます。

＊記憶のメカニズム

情報はまず短期記憶に蓄えられ30秒ほど保持される。その一部が、リハーサルなどによって長期記憶へと移行(記銘)し、半永久的に保持される。保持されている記憶は、取り出せる(想起)。

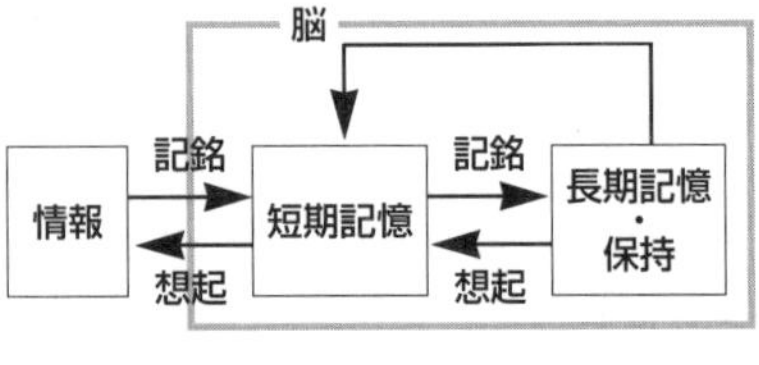

足りないのは能力ではなくテクニック？

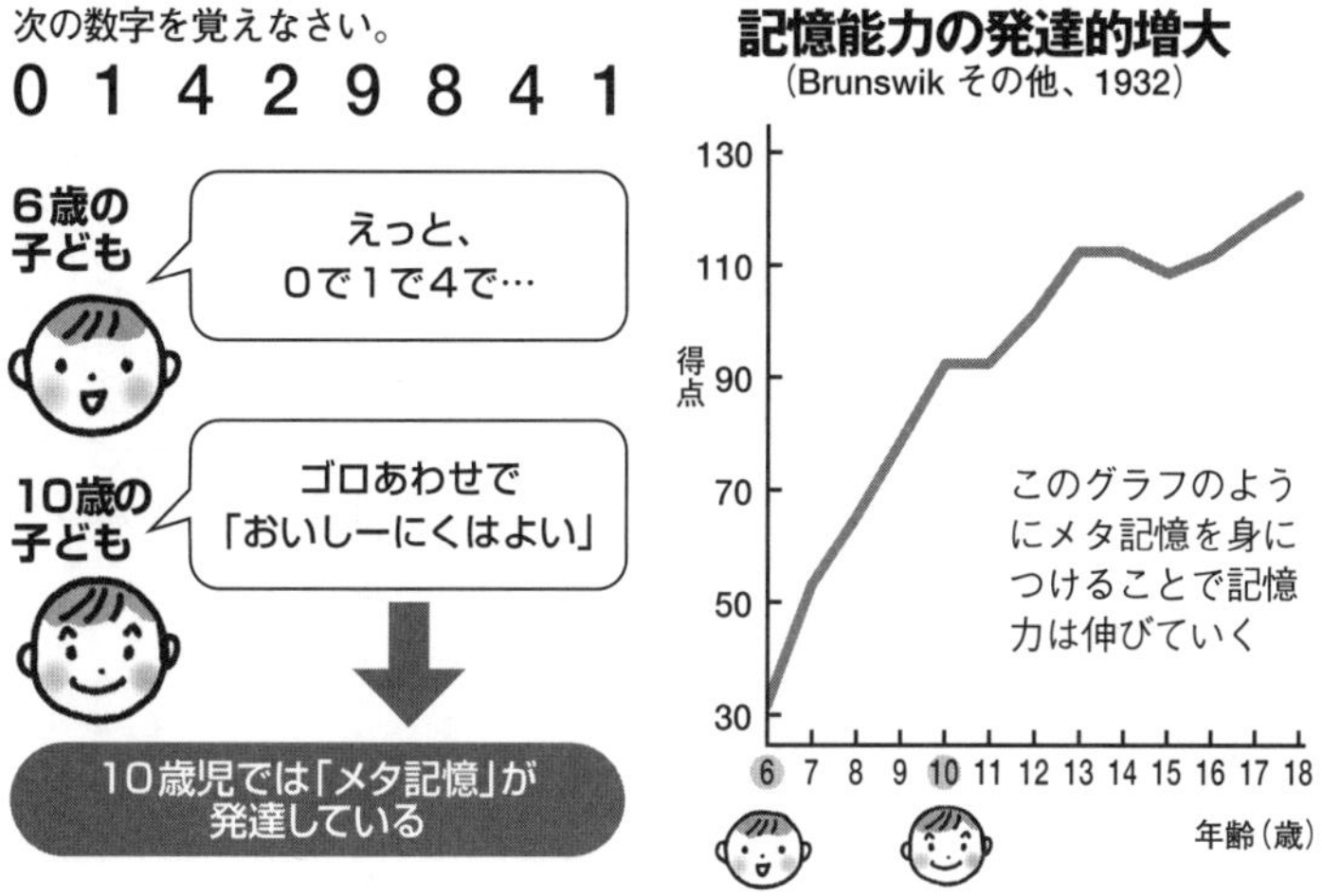
次の数字を覚えなさい。
0 1 4 2 9 8 4 1
6歳の子ども
えっと、0で1で4で…
10歳の子ども
ゴロあわせで「おいしーにくはよい」
10歳児では「メタ記憶」が発達している
記憶能力の発達的増大
（Brunswik その他、1932）
130
110
得点
90
70
50
30
6 7 8 9 10 11 12 13 14 15 16 17 18
年齢（歳）
このグラフのようにメタ記憶を身につけることで記憶力は伸びていく

記憶方略のひとつに、「リハーサル」があります。記憶するべきことを口に出してくり返し唱えることで、7歳くらいになると、自発的にリハーサルを使うようになります。一方、幼児が自発的にこの方法を使うことはなく、教えれば使うものの、時間が経つと自分から使うことはありません。結局、どうすれば記憶しやすくなるかといった知識がついてこなければ、記憶方略を使うといった考えまで及ばないのです。

ほかに、記憶する材料を覚えやすいように加工する方法や、小学校高学年くらいになると、手がかりを使って記憶したり、メモなどの方法をとるようになります。そして、これら記憶の調整能力（**メタ記憶**）を使うことで、記憶力が伸びていくのです。

＊メタ記憶
記憶するために、方略を検討し行動の調整を行う能力。具体的には、リハーサルなどの記憶方略を身につけ、状況によって選択できるようになること。

言葉の障害

C A S E S T U D Y

●自分から言葉を発することができない

Dちゃんは3歳半を過ぎてもまだ「ワンワン」や「マンマ」などの簡単な名詞を口にすることができません。「ごはんは？」「おやつ食べる？」などと声をかけるときちんと理解して、身ぶりで返事をします。また、欲しいものがあれば指さしで要求することはできるのですが、何度単語を教えても、自分から言葉を言うことができないのです。心配した両親が医療機関を訪ねたところ、軽度の表出性言語障害と診断され、専門機関で援助を受けるようになりました。専門的な指導を続けたことで、小学校に上がるころにはかんたんな会話ができるようになったのです。

言葉の遅れの影に深刻な発達障害が潜むこともある

言葉の発達には、かなりの個人差があります。1歳ごろに意味のある言葉が出て、2歳に二語文……という発達モデルは、あくまでひとつのめやすにすぎません。

しかし、言葉が遅れている場合、発達障害が隠れていることもあります。早期発見のために、2歳半になっても簡単な名詞が出ない場合は、専門機関に相談しましょう。

とくに心配なのが言葉の理解も遅れている子や、人と関わりを持とうとしない子です。言葉の遅れが現われる発達障害には、左上のものがあります。ここに当てはまる兆候がある場合、発達障害のサインとして言葉の障害が現れている可能性が疑われます。

疑われる障害とその特徴

言葉に遅れがみられる

障害	特徴
自閉症	・名前を呼んでも振り向かない　・人への関心が薄い ・あまり視線が合わない　・P79のようなサインがある
聴覚障害	・音を立てても反応が薄い
知的障害	・同い年の子と比べて遊びや運動に目立った発達の遅れがみられる
表出性言語障害	・言葉の理解はできている ・2歳半～3歳を過ぎても、単語の一部しか言えなかったり、簡単な文章を作れない ・単語をくり返し教えても、覚えられない
受容性言語障害	・2歳半～3歳になっても、言葉だけで簡単な名詞や指示を理解することができない ・自閉症のような特徴はみられない

上のケースのほか、脳性マヒでも言語発達の遅れがみられる。また、レアケースとして、言語の理解の表出や表出のみが特に障害を受ける「発達性言語障害」もある。

▼言語能力ではなく話し言葉に問題があるケースも

言語能力には問題がないのに、話し言葉に障害を抱えている子どももいます。

話し言葉の障害には、サ行やカ行など特定の音が正しく発音できない「構音《こうおん》障害」や、同じ音をくり返したり引き伸ばしたりしてしまい流暢《りゅうちょう》に話せない「**吃音《きつおん》**」があります。

話し始めたばかりの幼児期では、これらは大多数の子に見られるため、あまり心配する必要はありません。ただ、構音障害は脳や構音器官（口や舌など）の障害から生じていることがあるので、6歳を過ぎても発音できない言葉がある場合や、発音できない音が多くて言葉の意味が通じない場合などは、専門の治療機関を受診するとよいでしょう。

＊吃音（きつおん）
いわゆる「どもる」状態のこと。心理的なストレスにより悪化する。厳しく注意したり、言い直しをさせると逆に悪化させかねないので注意。

主に児童期

IQは高いほど賢い？

――知能の個人差

●知能テストは精神年齢を測るためのもの？

「IQが高い」イコール「頭がいい」というイメージはだれもがもっているでしょう。それほど、IQということばは定着し、頭がいい・悪いを判断する尺度として使われています。ところで、IQとは具体的にどうやって導き出された数字なのでしょうか。また、単純にIQの高さで知能が高いといってしまってもいいのでしょうか。

1900年の初めにフランスのA・ビネーとT・シモンが考案した「ビネーテスト」というテストが**知能テスト**のもとになっているといわれています。アメリカのターマンらがビネーテストを改良したものが、「スタンフォード・ビネー検査」で、これが、IQを調べる代表的な知能テストです。

まず、その年齢ならだいたいできるであろう問題を用意し、問題の正解率によって、「精神年齢」を算出します。次に、「生活年齢」、いわゆる実際の年齢で精神年齢を割り、100をかけたものが知能指数（IQ）となります。なお、精神年齢を調べるための問題

＊知能テスト
当初は知的障害児の鑑別のために作られた。現在ビネー式のほか、ウェクスラー式もよく使われている。学校で受けたテストの結果は原則的に未公開。

知的発達の度合いを見るには
～IQの算出方法～

日本でよく行われている知能検査は、ビネー式、ウェクスラー式の2種類。
ここでは最も一般的なビネー式を例に挙げてみよう。

1 知能テストを受ける

知能テストの結果を得点化して、
そこから精神年齢を割り出す。

知能テスト（ビネー式）の特徴

- 年齢ごとに難易度の違った問題がある。
- 問題は、それぞれの年齢の人の大多数が正答できるもの。
- テストは難易度の低い順に並んでいる。
- 時間制限があり、スピードが要求される。
- 分野は言語、数量、思考、知覚などさまざま。

2 計算式を用いてIQを割り出す

$$\text{知能指数（IQ）} = \frac{\text{精神年齢（MA）}}{\text{生活年齢（CA）}} \times 100$$

＊生活年齢（CA）とは実際の年齢のこと

IQの分布図（『心理学』（有斐閣双書）をもとに作成）

知能テストの結果、出た精神年齢が実際の年齢と等しいときを100として、知的発達の度合いをみる。しかし、知能テストは慣れや体調などでも成績が変わってくるとされているので、結果はあくまで目安と考えたほうがよい。

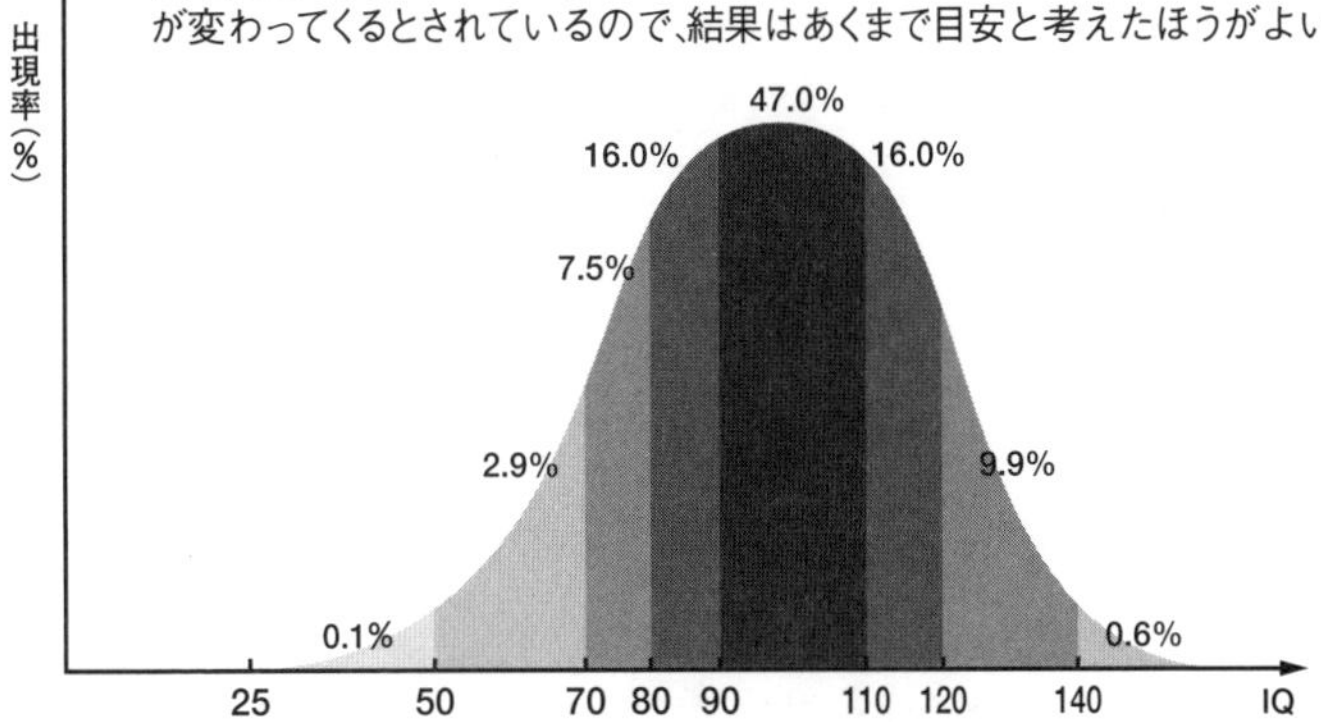

は、思考、言語、数量、知覚などの力を調べるもので構成されています。

たとえば、満5歳（生後60カ月）の子どもが知能テストを受けた結果、精神年齢が6歳（72カ月）だったとします。知能指数は、72÷60×100で120となるわけです。それぞれの年齢ごと、同様にテストを行うわけですが、100が平均値とされます。だいたい3分の2の人がIQ85～115の間に入るといわれ、130を超えると天才児、逆に、69以下だと知的障害域という判断がなされます。

●IQは年とともに変化する

「子どものころは神童で、年をとったらただの凡人」などと言われることがあります。実はこれは一面的には正しく、子どものころにIQの数値が高かった人は、大人になっても高いままかというと、そうとは限りません。知能は一定の速さで発達するものではないからです。

それはこのような実験で証明されています。M・P・ホンジックという研究者が222人を対象に、6歳のときのIQと18歳のときのIQに違いが見られるかを調査しました。この結果から、変化の幅にはかなりの個人差があることがわかったのです。

さらに、3歳から18歳までのIQの変化をグラフにしたところ、4つのタイプに分かれ

■はったつプチコラム■　IQ天才児たちの行く末は？
IQ140以上の学生を50年間にわたって追跡調査した結果、偉業を収めた人は皆無だった。とはいえ、そのほとんどが中流以上の生活を送っていたとか。

ることがわかりました。４タイプとは、最初は低いＩＱがしだいに高くなっていくタイプ、高かったＩＱが低くなるタイプ、ＩＱが高くなったり低くなったりするタイプ、そして、ほとんど変化が見られないタイプに分けられるのです。

　このようにＩＱは変化するものと考えると、知能の発達において何らかの参考にはなるものの、頭がいい・悪いを決定づけるものではないといえるでしょう。

　また、知能テストは単に知能の発達を調べるだけのもので、何を基準に頭がいい・悪いを判断するかなどによっても、判断は異なります。たとえば、ＩＱはそれほど高くなくても優れた創造力を持つ「天才」も存在し、逆にＩＱが異常に高いものの、社会への適応能力がないといった人もいるのです。

Break

ＩＱよりも社会的成功に直結する？〝こころの偏差値〟ＥＱとは

ＩＱ神話は未だ根強いですが、近年ＩＱはあくまでひとつの指標に過ぎず、社会的成功に直結するものではないことが広く知られてきています。

　そこでより社会的成功を意識した測定基準として新たに唱えられたのが、「こころの偏差値」と言われるＥＱです。

　ＥＱとは、Emotional Intelligenceのことで、自己認識力、自己統制力、動機づけ、共感能力、社会的スキルの5つの情動能力を基準として測定するものです。すなわちＥＱとは自分を制して他人に気を配り、社会と上手に関わっていくためのコミュニケーション能力といえます。最近は、このＥＱを人材採用の基準として使用する企業もあると言われています。

■はったつプチコラム■　ビジネスの成功にはIQは25％しか貢献しない？

ビジネスの成功には、IQは25％しか影響しない。残りの75％はEQによるもの――とは、『EQ』の著者であるダニエル・コールマンの説。

主に児童期

頭のよさは遺伝で決まる？

遺伝と環境と知能

●知能は遺伝している？

一流大学卒の親をもつ子どもの成績がよかったりすると、「やっぱり遺伝だね」などといわれます。外見同様、頭のよさも遺伝するというイメージがありますが、本当でしょうか。知能が遺伝的要素に影響されることの証明として、アメリカのカリカック家（仮名）の例が挙げられます。カリカック家のある男性と知的障害の女性との間にできた子は知的障害児でした。その子から5代あとまでに４８０人の子孫が生まれたのですが、正常だったのは46人で、残りは知的障害や別の障害を受けていたというのです。一方、その男性は知的障害ではない別の女性とも子どもをもうけていたのですが、その子は正常。さらにその子の子孫の４９６人もみな正常であり、社会的地位の高い職業に就いた人が多かったのです。

●IQが高いだけでは「天才」にはなり得ない？

生物学者のダーウィン、音楽家のバッハ、画家の狩《か》野《のう》探《たん》幽《ゆう》……、天才の多い家系からは、

■はったつプチコラム■　学校の成績がいいと社会的にも成功できる？
1981年にアメリカのある州で高校を首席や次席で卒業した男女81名を追跡調査した結果、20代後半の社会的成功度は、95％が「並」だったという。

天才が多く輩出されています。これも、知能の遺伝によるものといえるのでしょうか。

Ｌ・Ｍ・ターマンという研究者は、「天才はＩＱが１４０以上の人」と定義し、ＩＱ１４０以上の１３００人を対象に調査をしました。その結果、大人になってからも高い知能を保ち社会的に成功した人もいたものの、偉大な発見や発明、作品を残した人はいませんでした。また、世界的に天才といわれている人すべてがＩＱが高いかというとそうでない人もいます。たとえば、地動説で有名なコペルニクスの推定ＩＱは０～17歳で１０５、18～26歳で１３０と標準値。天才がＩＱで表されるものだけではないことを証明しています。

天才とは、心理学的な定義によると、「生まれつき備わった優れた才能、あるいは、そのような優れた才能を持っている人」とされています。ここでいう才能とは、知能指数が高いということではなく、政治や経済、科学、芸術、スポーツなどの、さまざまな分野におけるもの。この才能には創造性も大切な要素なのです。そして、才能が活かされるかどうかは、先天的な能力に加えて、まわりの環境が強く影響するのです。

「天才」は定義しにくい

どれだけ人並みはずれた能力があっても、一般に評価できる種類の才能ではなくては「天才」とはいいにくい。

■はったつプチコラム■　ヒラメキはどこから生まれる？
「天才は99％の努力と1％のヒラメキ」という名言があるが、ヒラメキは左脳を酷使し集中して物事を考えた後、ふと気を抜いた瞬間に訪れやすいとされる。

主に児童期

子どもの創造力を育てるには

――創造性の発達

●学力はIQよりも創造性で決まる?

「この世の中から電気がなくなったら、どんなことが起こるか考えなさい」。こんな質問を受けたら、どのような答えを出すでしょうか。「暗くて生活しづらくなる」「テレビが見られなくなる」は一般的な答えですが、**創造性**に優れた人なら、驚くような回答を挙げてくれるでしょう。

知能テストは、1つの問題に対して1つの正しい答えがあって、答えを早く正確に探し出すテストです。一方、創造性のテストは、1つの問題に対していろいろな回答があり、回答のどれもが間違いではありません。冒頭で挙げた質問も創造性をテストするものです。知能は一定の問題を解決する力、創造性は考えを広げ、発展させる力といえるでしょう。

知能指数が高い人は創造性にも優れているかというと、そんなことはありません。過去の研究では、2つの相関関係はほとんどないという結果に至っ

＊創造性
ギルフォードという研究者によると、創造性は、問題への感受性や思考の流暢性、思考の柔軟性、思考の独自性、再定義の能力、工夫する力の6つのファクターから構成されているという。また、ひとつの問題からたくさんの解決方法を生み出せる「拡散的思考」との関係性が強いという。

お題：チラシの活用法
・ポップアートを作る！
・カラフルな脅迫状をつくる
・何枚も重ねて空手の練習
・ハタキをつくる
拡散的思考よりの人
う〜ん…
なべしき？
集中的思考よりの人

ています。ただし、創造性を発揮するためには、ある程度の知能が必要でしょう。

また、知能や創造性と学力との関係を調べた研究があります。J・W・ゲッツェルスとP・W・ジャクソンという両研究者が、中高生を対象に知能テストと創造性のテストを行い、知能だけが上位20パーセントに入るグループ、創造性だけが上位20パーセントに入るグループを作りました。学力検査を行ったところ、意外にも創造性だけのグループの方が高かったのです。つまり、学力を伸ばすためには知能だけでなく、創造性が重要であるとわかりました。

●子どもを抑圧しすぎないことが、創造力を伸ばすコツ

それでは、子どもの創造性を伸ばすには、どうしたらよいのでしょう。

まず、まわりの大人の態度が大切です。子どもがのびのびと自分の意見を言えるような環境を作らなければなりません。教師は、児童が授業中に関係ないことを話したり、ひとつのことに異常にこだわったりしても、まずは聞く耳をもつことです。家庭では、たとえばお絵かきしている最中などに、「お日様は赤か黄色で描かなくちゃダメだよ」などと、子どもの先まわりをして必要以上に子どもに手を出すのはよくありません。子どもが、新しい方法を考える場を提供して、創造性を広げるチャンスを作ってあげましょう。

■はったつプチコラム■ 創造性は年齢とともに上昇するわけではない？

創造性テストの結果は年齢に比例して上昇するわけではないという調査結果がある。知能が増すとそれに頼って新しい発想をしなくなることが原因とされる。

知的障害

発生頻度は全体の約1～2パーセント 原因はわからないことが多い

発達の遅れのうち、知的能力や社会適応能力の発達が永続して遅れている状態を「**知的障害**」といいます。医学の領域では、「精神遅滞」といわれることもあります。

現在、日本で公式に知的障害者と把握されているのは約41万人。頻度でいえば、子ども全体の約1～2パーセントにみられ、とくに男児に多いとされています。

では、障害が生じるのはなぜなのでしょうか。知的障害の原因はさまざまですが、大半は出生前に原因があります。「ダウン症」など出生前の染色体異常のほか、母親の妊娠中の喫煙やアルコール依存などでも起こります。ただ、今の時点では原因がわかっている知的障害は少なく、多くは原因不明なのです。軽度の知的障害ほど、原因が把握しにくい傾向にあります。

IQが70未満の場合は知的障害の可能性が？

知的障害の診断基準のひとつとして用いられるのが、おなじみのIQ（P154）です。

一般にIQの正常範囲は85以上とされますが、70～85の間は境界知能といわれ知的障害域ではありません。知的障害があるとみられるのはIQが70を下回る場合です。ただし、知能テストの結果は体調や慣れなどにも左右されるため1回の検査でIQ70未満だったか

＊**知的障害**
ひと昔前までは「精神薄弱」ということばが使われていたが、情緒面の問題にも関わるかのような誤解や偏見を招きやすく、知的障害と改められた。

知的障害の重症度

（AAMR1983および『毎日ライフ』2003.3をもとに作成）

重症度	IQ	ゴール	15歳以上の発達像
軽度	IQ 50～55から70	9～12歳	日常生活に支障がない程度の思考力をもつが、抽象的思考が困難。食事、排泄、入浴、身支度などが管理でき、単純技能職に従事できる。
中度	IQ 35～40から50～55	6～9歳	他人の助けを借りて身辺の事柄を処理できる。簡単な会話ができる。食事や入浴、身支度が自立し、簡単な家庭の雑用ができる。
重度	IQ 20～25から35～40	3～6歳	ことばは簡単なものしか理解できない。食事は自立できるが、入浴等は介助が必要。簡単な家庭内の手伝いができる。
最重度	IQ 20または25以下	3歳以下	常時介助が必要。食事はスプーンやフォークを用いる。社会活動には適応できない。

※ゴール……15歳以上の精神年齢

らといって必ずしも知的障害とは限りません。

ひと口に知的障害といってもそのレベルはさまざまで、上図のようにIQによって軽度から最重度まで区分されています。軽度の場合は生活に支障はありませんが、重度になると日常の生活にも介助が必要になります。

▼記憶力や芸術分野にずば抜けた能力を発揮することも

クラシック音楽の分野で類まれなる才能を見せる大江健三郎氏の息子・光氏、さらに切り絵の天才「裸の大将」こと山下清氏……。知的能力に障害をもつ人が、特定の分野で素晴らしい才能を見せることがあります。これを**イディオ・サバン**といいます。

また、自閉症やADHDなど別の障害を合併することが多いのも知的障害の特徴です。

＊イディオ・サバン
知的障害や自閉症障害、情緒障害などをもつ人のうち、ひとつのことに類まれなる才能を発揮する人のこと。特に記憶力の天才が多いといわれている。

キーワード

【リストカット】

10代の女子を中心に、「リスカ」リストカットが浸透してきている。手首を切る、その行為にはどんな心理が潜んでいるのだろうか——。

●早ければ前思春期からみられる

自分で自分を傷つける「自《じ》傷《しょう》」には、さまざまな形のものがあります。なかでも、カッターナイフや小刀などで、自分の手首を切る行為をリストカットとよんでいます。リストカットは何度も反復されるのが特徴で、とくに前思春期から20代の女性に多くみられます。最近は男性にもみられるようになってきています。

自傷行為は、自閉症やアスペルガー障害などの発達障害、あるいは境界性人格障害やうつ病などのひとつの症状として現れることもあります。しかし、手首を切るリストカットの場合、病院に行ってもはっきりとした診断名が出ないことが少なくありません。

●切っている最中は痛みをあまり感じない？

リストカットはたいていの場合、失恋や受験での失敗、いじめなど、あるきっかけから起こります。これらのきっかけから過覚醒《かかくせい》状態になり、夜も眠れない日々が続きます。食事は喉を通らなくなるか、あるいは過食ぎみになります。その中で鬱積《うっせき》したストレスが自分自身に向かい、気持ちを晴らすために手首を切ってしまうのです。失恋がきっかけで起こった場合は、手首を切ることで相手の気を引こうとしているケースもあります。

手首を切っている最中は、

痛覚が普段より低下していることが多いのか、あまり痛みを感じないようです。これは、「解離《かいり》」というストレスからの自己防衛機能が自傷中に起こることで、精神機能が低下しているからだと思われます。「リストカットしている最中はいつもの自分ではない」とはっきり自覚している人や、自傷後、解離状態から戻ると切ったときのことをよく覚えていない人もいます。

● リストカットはなぜクセになるのか

リストカットはどうしてくり返されるのでしょう。精神科医の斉藤学氏によれば、自傷行為は飲酒や喫煙と同じ、嗜癖《しへき》行為であるとしています。自傷中に麻薬様の脳内物質が出て、それが快感をよんでいることも考えられます。

中学生ごろからリストカットをくり返す場合には、精神状態が常に不安定で自分に自信や希望が持てず、そのため不安のあまり、わけもわからず自傷に走ってしまうこともあります。こうした子どもは、こころの発達過程でゆがみを抱えていることも多いのです。

――原因の背後には、両親の愛情不足が潜んでいる？

その最たる原因は家庭環境です。幼い頃に両親にあまり構ってもらえなかったため根本的な愛情飢餓を抱えていたり、「自分はどうしようもない人間だ」という自己卑下《ひげ》を持っていたりします。このような子は内心、「注目されたい、構われたい」という欲求があるため、家族が騒ぐほどリストカットをくり返しがちです。兆候を発見したら、慌てず騒がず専門家の治療を受けるといいでしょう。

発達子ども相談室④

うまくしゃべれない

4歳の女の子です。話すときにどもります。2〜3歳の頃は全く気にしていませんでしたが、幼稚園で同い年の子が流暢に話すのを見て「ゆっくりしゃべってみようね」と注意するようにしたらかえってひどくなってしまいました……。

うまくしゃべれなくても、知らん顔しているがいちばん。「もう一度」「ゆっくり」など注意すると意識過剰になり、かえって悪化することが多いのです。

話し始めでつまったり、音を引き伸ばしたり、くり返したり……。いわゆる「どもる」状態のことを吃音《きつおん》といいます。これは、おしゃべりが上達する2〜3歳の子どもによく見られます。ことばの上達につれて治るのが一般的ですが、発達の個人差によって4〜5歳でも吃音が抜けないこともあり、この時期の吃音の多くは心配のないものといえます。

しかし、吃音の背景には環境的な条件が関係し、心理的ストレスによって悪化するともいわれます。子どもの生活環境を振り返ってみて、環境要因があるようであれば親が積極的に改善していくことが大切といえるでしょう。

4〜5歳児の吃音は、子ども自身が自覚していないことがほとんどです。この時期子どもに「もう一度言ってみようね」「ゆっくり言えば、上手に言えるよ」などと注意することは、百害あって一理なし。子どもは自分の話し方を過剰に意識するようになり、かえって症状を悪化させてしまうのです。吃音があっても、あまり話し方に気を捉われず、話の内容にきちんと耳を傾け受容してあげることが大切でしょう。気になるようであれば、P190の専門機関に相談してはいかがでしょうか。

第5章

やる気を高める「学習法」

～学習と教育～

環境から未知の事柄を学び身につけていくこと、
これを心理学では「学習」とよんでいます。
子どもの学習を促進させるためには、
古くから受け継がれた、さまざまなコツがあるようです。

主に乳幼児期

学習とは
人間の行動は「学習」で決まる？

森やジャングルなどに放置され、野生生活を送った子どもを「野生児」といいます。彼らはひとりで生活したり、野生の動物に育てられたりなどし、人間とは接触せずに生きてきました。そのため、言語をもたない、感覚や感受性が異常、情緒が発達していない、直立歩行ができない、食事習慣が人間的でない、自閉的、知的発達が遅れているなどの特徴をもっています。

有名な例に「アヴェロンの野生児」があります。推定年齢12歳のときにフランスで発見された彼は、医師J・M・G・イタールによって教育されました。しかし、発達は困難で、普通児にすることはできませんでした。

人間らしく育つには「学習」が不可欠
～アヴェロンの野生児～

南フランスで12歳の野生児が発見され、
ヴィクトールと名づけられた。

発見当時のヴィクトール

- 言語をもたない
- 自閉的
- 四足歩行
- 食生活の偏り
- 視覚や聴覚の異常
- 情緒的発達の欠如・遅滞

▼

医師による指導

▼

6年後のヴィクトール

社会性や感覚機能が発達し、知的面でも進歩がみられたが、言語を習得することはできなかった。

インドで発見された少女、カマラとアマラの場合、推定年齢8歳のカマラは9年間の間、シング牧師夫妻による教育を受けましたが、わずか4歳程度の発達しかみられませんでした。オオカミに育てられたといわれてきましたが、事実ではないようです。

これは人間が発達するためには、幼少時の環境が大切だということを証明しています。野生児たちは大切な時期を人間社会から隔離されて過ごしてしまったので、それ以後、どんなに教育しても、正常な発達を取り戻すことができなかったのです。人間が人間として生きていくためのこころや体は、人間環境から「**学習**」してはじめてできるのです。

学習というと、足し算や漢字の読み書きなど知識の習得をイメージしがちです。しかし、ここでいう「学習」とは、経験によってさまざまなことを学んでいく、そのプロセスのことを指しています。心理学では感情や人格の形成など、人間にとって大切な、さまざまな変化が、環境から学習することでもたらされると考えられています。

その意味では、上図のように、学習は内部的な変容である「成熟」とともに、人間の発達を支える2大要因のひとつと捉えられるのです。

「学習」が発達を支える？

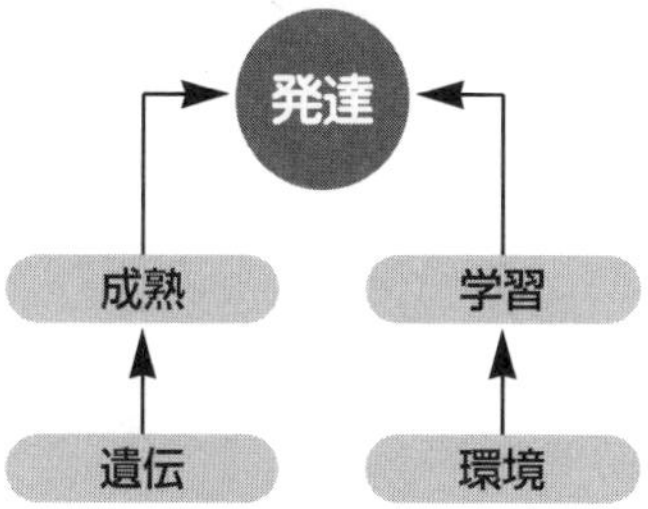

まわりの環境という外部からの刺激による「学習」、そして遺伝という内部要因による「成熟」が発達を支える2本の柱となる。

＊学習
「経験による行動やその可能性の変化」が一般的な定義。心理学では、好ましい行動だけでなく、無力感などの好ましくない行動も学習されると考えられる。

主に乳幼児期

学習の基本は「パブロフの犬」？

古典的条件づけ

梅干しを見たり想像したりすると、唾液が出ます。これは以前、梅干しを食べたときに酸っぱいと感じ、唾液がたくさん出たという経験から起こっています。その経験をくり返すことで、「梅干しは酸っぱいもの」という学習が行われ、見たり、想像しただけで唾液が出るという反応となって現れるのです。ですから、梅干しを食べたことも見たこともない外国人が梅干しを見ても、唾液は出てこないのです。

「パブロフの犬」という有名な実験があります。犬に食べ物を与えると唾液を分泌します。しかし、犬にベルの音を聞かせても、唾液は出てきません。そこで、犬にベルの音を聞かせて食べ物を与えるということをくり返しました。すると、ベルが鳴っただけで、犬は唾液を垂らしたのです。これは、「ベルが鳴ると食べ物が与えられるんだ」と犬が学習したことを表しています。パブロフはこの反射を、「条件反射」と名付けました。「ベルが鳴る」という条件によって、「唾液が分泌される」という反射が生じたのです。

J・B・ワトソンとR・レイナという研究者は**条件づけ**について実験を行いました。まず、生後11カ月の赤ちゃんに白ネズミを見せたところ赤ちゃんは平気でしたが、一方で、

＊条件づけ
ある状況において、特定の行動の起こる確率が変化する過程をいう。「パブロフの犬」を代表とする古典的条件づけと、オペラント条件づけ（P172）がある。

大きな金属音を聞かせると、怖がって泣きました。そこで、白ネズミを見せると同時に金属音を鳴らすということをくり返したのです。すると、金属音がしなくても、白ネズミを見ただけで赤ちゃんはおびえるようになりました。つまり、学習によって「恐怖」という感情が身についたことを表しています。同じように、子どもがお化けを怖がるのは、周囲の人が怖がる様子を見て「見たことはないけれど、お化けはそんなに怖いものなんだ」と学習しているのだといえます。また、高所恐怖症や閉所恐怖症なども、高所または閉所と恐怖体験が結びつくことによって学習されたものなのです。

恐怖は「学習」される
～古典的条件づけ～

1 子どもは、ネズミを見ても無反応だが、大きな金属音には怖がって泣く。

ネズミ ──→ 無反応
音 ──→ 泣く
（無条件反応）

2 ネズミを見せて手を伸ばしたときだけ金属音を鳴らすようにすると、子どもは怖がって泣く。これをくり返す。

ネズミ　音 ──→ 泣く
（無条件反応）

3 子どもはネズミを見せるだけで怖がって逃げるようになる。

ネズミ ──→ 泣く
（条件反応）

主に児童期

●強化の原理

「叱る」「ほめる」やる気を起こすのはどっち？

●やる気を起こすのは、「よい結果」

アメリカの心理学者B・F・スキナーが行った「スキナー箱」による実験があります。スキナー箱とは左ページの図のようにレバーを押すとエサが出るしくみになっている装置のこと。この中に空腹のネズミを入れ、どのような行動をするかを調べました。ネズミはにおいをかぎ回ったり、歩き回ったり、レバーを触ったりなど、いろいろな動作をしてみます。そのうち、たまたまレバーを押したらエサが出てきて、空腹を満たすことができました。再度レバーを押すと、またエサが出てきます。それ以降は、エサを求めて積極的にレバーを押すようになります。

装置の中でネズミがとったいろいろな行動を「オペラント行動」といい、レバーを押してエサを食べるという動作をくり返す過程を、「**オペラント条件づけ**」とよんでいます。

これは人間も同様で、まずは自発的にいろいろな行動を試み、その中で「よい結果」が出た行動をくり返しているのです。

＊オペラント条件づけ（道具的条件づけ）
オペラントとは自発的の意味。「エサが出るからレバーを押す」のようによい結果が出ることでその行動がくり返し行われるようになる、そのプロセスをいう。

よい結果がやる気を起こす
～オペラント条件づけ～（スキナー）

実験 レバーを押すとえさを得ることのできる下のような箱（スキナー箱）に、空腹のネズミを入れる。ネズミは自由に動き回ることができる。

結果 ネズミは箱の中を動き回ったり嗅いだりと、さまざまなオペラント行動をとった後、レバーを押すとえさが得られることを発見する。やがてネズミはえさを得るために、くり返しレバーを押す。

オペラント条件づけの原理

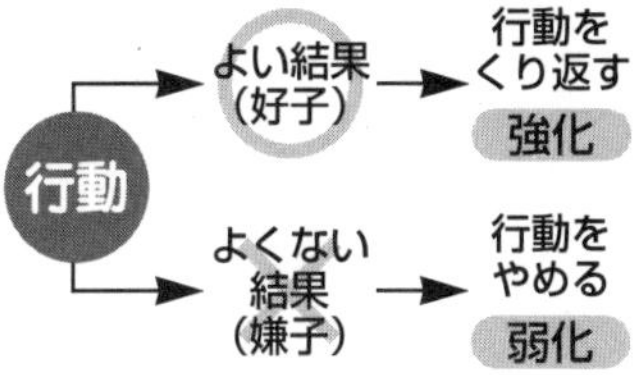

●「強化の原理」の上手な使い方とは

　オペラント条件づけには、「強化」と「弱化」という2種類があります。強化とは、一般的に行動することでよい結果が出たので、その行動をくり返すことです。一方、弱化とは、行動することで悪い結果が出たので、その行動をくり返すのをやめることを表します。これらの場合の「よい結果」を「好子」、「悪い結果」を「嫌子」とよんでいます。

　たとえば、子どもが絵を描いたら、お母さんに「まあ、上手ね」とほめられたとします。子どもはほめられてうれしかったので、また絵を描こうとします。これが強化です。一方、子どもが壁に落書きをしたら、お母さんに「ダメでしょ！」と怒られました。怒られて

■はったつプチコラム■　子どもへの「罰」はできるだけ避けたほうがいい？
嫌子として、手早く効果があるのが罰。しかし、嫌子によって生まれる不快感は親や教師に転移することが多く子どもに社会への不信感を植え付けかねない。

ほめるが勝ち？
～強化の原理～

負の強化 叱ってやる気を起こす

今度のテストで70点以下だったら おこづかいなしよ!
65

正の強化 ほめてやる気を起こす

えりちゃんなら今度こそ70点以上とれるわよね!
うん!がんばる!
65

子ども テストで75点をとる

まぁまぁね
75

叱らなくなる → 嫌子の除去

ほめる → 好子の付与

やった!記録更新!
がんばりグラフ
75

子ども イヤイヤやる

→ 不快感情が生まれる

勉強するのが嫌いになる

子ども うれしい!

→ 快感情が生まれる

勉強するのが好きになる

悲しかったので、壁に落書きするという行動をくり返さなくなります。これが弱化です。

強化は、さらに2つのタイプに分けられます。正の強化と、負の強化です。たとえば、近所のおばさんにあいさつをしたら、お母さんが「いい子ね」とほめてくれたとします。そのときうれしかった経験から、それからも近所のおばさんにあいさつをするようになるでしょう。これが、「正の強化」です。逆に、近所のおばさんに会ってもあいさつをしなかったので、あとで「ちゃんとあいさつしなさい！」と怒られたとします。怒られて悲しかったという経験から、今後はあいさつをするようになります。これを負の強化といいます。

●子どものしつけには、正の強化の方が効果的

さきほどの例でいえば、正の強化も負の強化もどちらも「あいさつする」という行動に結びついてはいます。ただ、「意欲」という点では大きな差がありそうです。正の強化の方は、「ほめられてうれしい、だから行動をする」ことから始まり、だんだん、その行動自体が好きになり、自発的に行うようになります。しかし、負の強化は、怒られるのでいやいやしている行動です。その行動自体が嫌いになり、「意欲」は起こりません。お母さんの前では近所のおばさんにあいさつをしても、お母さんのいないところではあいさつしない、といったことが起きる可能性があるのです。

■はったつプチコラム■　主婦がやる気をなくすのはなぜ？
専業主婦の場合、「家事を頑張って家族に認められる」という正の強化は少なく、「怠けていると家族になじられる」という負の強化だけある場合が多い。

主に児童期

動機づけ

子どもの意欲を引き出す2つの方法

●「動機づけ」がやる気を生み出す

「テストで100点をとったら、おもちゃを買ってあげる」といわれたら、子どもは「がんばって勉強しよう」という意欲をもつでしょう。このように、ある行動を起こそうとしたり、持続させようとする過程を「**動機づけ**」とよんでいます。

動機づけには、「内発的動機づけ」と「外発的動機づけ」の2種類があります。内発的動機づけは、「知りたい、理解したい」などといった好奇心から起こるもので、自らわき起こる意欲が伴います。一方、外発的動機づけは、それをするとほめられる、ごほうびをもらえる、または、怒られないといった理由から起こっています。先に述べた「おもちゃを買ってもらえるから勉強する」というのは、外発的動機づけに当たります。

●意欲を引き出すのはごほうびよりも知的な刺激?

好きなことは長続きします。知的好奇心から発する内発的動機づけは、外発的好奇心に

＊動機づけ
行動をスタートさせ、持続させるために必要な心の過程のことをいう。動機づけによる行動は一時的なものとみられることが多く、学習行動には含まれない。

子どものやる気を生み出す２つの動機づけ

外発的動機づけ

ごほうびがもらえたりほめてもらえるなど、外部から与えられる賞罰にもとづくもの。

内発的動機づけ

何かをおもしろい、楽しいと思う気持ちや知的好奇心にもとづくもの。

比べて持続力が強いといえます。本当の意味で意欲を引き出すのは、内発的動機づけ、つまり、知的好奇心でしょう。では、知的好奇心を抱かせるためには、どうしたらいいのでしょうか。それは、子どもが好奇心を抱くような知的刺激のある環境におくことです。

また、レッパーという研究者は、幼児を対象に動機づけの実験を行いました。絵を描くことが好きな幼児にごほうびを与え、どう変化するかを調べたのです。結果、ごほうびをもらった子どもは、自由時間になると絵を描かなくなってしまいました。もともとは内発的動機づけで行っていた絵を描くという行動が変化してしまったのです。この実験からも、外発的動機づけが長続きしにくいことがわかります。

■はったつプチコラム■　サラリーマンが楽しくない理由……？

多くのサラリーマンが、内発的動機づけよりも、「給料・地位が上がる」といった外発的動機づけで頑張っていることが影響しているのかもしれない？

主に児童期

「教育ママ」は逆効果？
——達成動機づけ

●母親の意欲と子どもの意欲は比例しない

目標が達成できたときに大きな満足感が得られるのは、子どもも大人も同じ。心理学では、困難なことを成し遂げようとする動機を「**達成動機**」とよんでいます。そして、達成動機の高い子どもは、がんばり屋で、自信とエネルギーにあふれているとされています。

母親なら誰でも達成動機の高い子どもにしたいと願うでしょうが、そのためには、どんな態度をとればよいのでしょうか。

D・C・マクレランドという研究者がドイツと日本で、母親とその子どもの達成動機についての関係を調べました。母親に達成動機がどれくらいあるかによって、意欲最高群、意欲高群、意欲普通群、意欲低群の4タイプに分け、子どもの群と比べたのです。その結果、母親が意欲最高群や意欲低群だと子どもの意欲は低く、逆に、子どもの意欲が一番高いのは母親が意欲普通群である場合であることがわかりました。

つまり、母親の意欲が高すぎると、子どもにとって高すぎる目標を与えてしまい、結果、

＊達成動機
困難なことを成し遂げたり、競争で他人に打ち勝つなど、卓越した目標をやりとげようという動機のこと。達成動機の高い子どもは競争社会に強いとされる。

子どものやる気を失わせることになってしまうのです。また、意欲が低すぎる母親では、子どもの意欲を引き出すような刺激や働きかけがないので、こちらも子どもの意欲を育てることができません。子どもの意欲を上手に引き出すには、適度な刺激を与え、見守るべきときは温かく見守ってあげるといった態度が大事なのです。

●難しい問題を達成させるコツは？

いきなり高すぎる目標を与えられても、初めから無理と考えてやる気をなくしたり、失敗が続けば、あきらめてしまうこともあります。目標が高すぎるときには、何段階かに小さく分け、小さな目標をひとつずつクリアしていくことで、大きな目標に達成するという方法が有効なのです。これを「**シェイピング**」といいます。シェイピングを行うことで、目標をひとつクリアできたときに満足感が味わえ、意欲につながります。そして最終的に、大きな目標に到達できるというわけです。

「シェイピング」で目的を達成しよう！

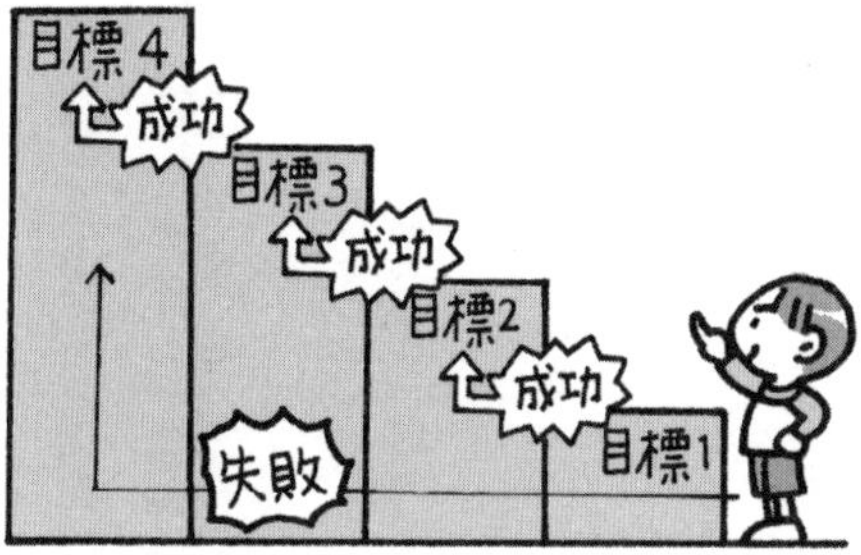

一度に大きな目標を達成するのは困難。でも、小さな課題を一歩ずつクリアすることで難しい目標もクリアできるはず。

＊シェイピング
オペラント条件づけにおいて、オペラント反応の連鎖を作っていくこと、あるいはその手法を指していう。

主に児童期

子どもを学習に導くコツとは
●学習と環境

●子どもの学習を促すには、子どもの行動にきちんと応えること

アメリカのムーアという学者が考え出した装置に、「トーキングタイプライター」というものがあります。これは、タイプライターのキーボードを触ると、スクリーンに文字が現れ、同時に音が聞こえるというものです。

この装置を子どもたちに与えると、アルファベットをより自然に習得することができたのです。

このことから、子どもの学習を促すためには、生活の中にある程度の知的な刺激があること、また、刺激につられて探索活動を行い、それに対して一貫した何らかの反応が得られることが必要なのだとわかりました。

R・W・ホワイトという研究者は、子ども

「応答的な環境」が大切

親が子どもの行動に積極的に応えてあげれば、子どもは学習することに確かな手ごたえを感じる。学習意欲もどんどんわいてくる。

＊応答的環境
ピアジェが子どもの積極的な活動のために重要とした要素で、子どもの自由な探索活動を保証し、それに対してすぐに応答できる環境のことをいう。

は環境と効果的に相互交渉を行う能力を生まれながらにもっているといっています。そして、子どものこの能力を発達させるためには、まわりの大人が子どもの行動にきちんと応えることが大切なのです。たとえば、子どもが笑いかけてきたら「ご機嫌ね」といって笑い返したとします。子どもは自分の行動によって環境を適切に変えることができたと感じ、その経験をくり返すことで、より積極的にまわりと関わろうとしていくというわけです。

●無気力になってしまうのはなぜ?

では、逆に無気力になってしまうのはなぜなのでしょう。M・E・P・セリグマンは「学習性無力感」を証明する実験を行いました。まず1日目は、犬を縛りつけたうえで、電気ショックを何度か与えました。犬は逃げようとするのですが、身動きがとれません。次の日は自由に動くことができるようにして同様に電気ショックを与えました。しかし、犬は逃げ出せるのにもかかわらず、動こうとしなかったのです。これは、「自分が何をしても無駄だ」と犬が学習し、あきらめてしまったことを表しています。このように無力感が学習されてしまうと、環境に積極的に働きかけなくなり、学習しようとする意欲も失わせてしまいます。さらに、「自分はダメだ」と自己を否定的に考えてしまう要因を作ってしまうのです。

■はったつプチコラム■　DV被害者がなかなか逃げ出せない理由

DVの被害女性がなかなか逃げ出せない理由は、度重なる被害で「この人から逃げてもムダだ」という無力感が学習されていることが、原因のひとつ。

主に児童期

●モデリング

「友だちの影響」は見のがせない

ご飯を残さずに食べたお兄ちゃんに対して、お母さんは「偉かったね」とほめました。それを見ていた妹は、自分もほめられようと、必死でご飯を全部食べようとしています。

このように子どもは、まわりのきょうだいや友だちなどがある行動をとって、それがよい結果になると、それを見て、自分もその行動をまねします。そのきょうだいや友だちなどのことを「モデル」、そうやって学習することを「モデリング」または「観察学習」といいます。

観察学習には逆のパターンもあり、たとえば、お兄ちゃんがご飯を残してしまい、怒られたとします。それを見ていた妹は、自分は怒られないよ

友だちの影響がいちばん強い
～子どもの攻撃行動～(Bandura,Ross&Ross,1963)

子どもにさまざまな形の攻撃行動を見せて、どの程度攻撃行動を真似するかを確認する。

うにと、ご飯を残さないようにするでしょう。モデルがした行動をしないようにするのです。

そのように、観察学習によって行動を獲得することを「**代理強化**」とよび、代理強化の積み重ねによって、子どもの行動パターンが広がっていきます。

このときのモデルは人間だけでなく、本やテレビからも学びます。バンデューラという研究者が、どんなモデルが一番子どもに影響を与えるかを調べています。結果、ビデオやアニメよりも、実物のモデルが一番効果があるということがわかりました。また、同じ実物のモデルでも、年齢や性別が近いほど学習しやすいこともわかっています。

つまり、子どもはきょうだいや友だちを見て、さまざまなことを学んでいきます。だからこそ、友だち選びも大切なのです。

Break

「強化の原理」を応用 自分で自分をやる気にさせるには？

どんなにがんばって成果を出しても、すぐには給与が上がらない……そんな、「正の強化」がない状態では、大人も仕事にやる気をなくすのは当然。

しかし、どうせ同じ仕事を続けていかなくてはならないならやる気モードを継続した方が得なのも当然。こんな方法で自分に正の強化を与えてみては。

たとえばずるずると続けていた書類整理。「昨日は15件しかできなかったけど、今日は18件整理する！ 達成できたら今日は酒を飲むぞ」と目標を定め、それを目安にがんばります。些細な目標でも達成できるとうれしいもので、帰って飲む酒の味もひとしお。「それなら明日は20件だ」と、少しずつ目標を上げていけば、ノルマもあっという間にクリアできるでしょう。

＊代理強化
「お手伝いをしてほめられた姉をみて、妹がまねをしてお手伝いするようになる」など、本人が直接強化を受けるのでなく他者を観察して強化されること。

LD（学習障害）

C A S E S T U D Y

●教科書が読めない、読んでも理解できない

小学校2年生になるGちゃんは国語の時間になると腹痛を訴えて保健室にやってきます。国語の授業では生徒に順番に教科書を音読させますが、Gちゃんは教科書をうまく読むことができないのです。「さ・く・ら・さ・い・た」などのように、一文字ずつなら読めるのですが、単語や文章として読むことができません。読んでいるうちに行や文字を飛ばしてしまい、単語や文章の意味をきちんと理解することができません。読書もしたがらないようです。算数も計算などは問題なくできるのですが、文章題が思うように解けず、授業でついていけないことが増えてきました……。

▼知的障害はないものの特定分野の勉強についていけない

知的能力に障害があるわけではないが、成績が悪い、勉強ができない……という子どもはたくさんいます。その中で、読み書きや計算などある特定の分野に大きな困難がある場合、LD（学習障害）の可能性が疑われます。

文部科学省はLDの定義を「全般的な知的発達に遅れはないものの、聞く、話す、読む、書く、計算する、推論するの能力のうち特定のものの習得と使用に著しい困難を示す障害」とし、特別支援教育が必要としています。

LDの原因はまだはっきりと解明していませんが、脳などの中枢神経系に何らかの機能障害があると考えられています。基本的には、環境によって起こるものではなく生得的に起

＊**学習障害と学業不振**
学習障害とは、知的能力の一部がとくに落ち込んでいる生得的な障害を指す。子どものもともとの能力に比して学業が遅れている「学業不振」とは別物。

LDの種類はいろいろ

算数障害

簡単な計算ができない。図形の理解、量や長さを単位で計ることに著しい困難があるなど。

読み書き障害

鏡文字を書く、作文を嫌う、文字や単語を抜かして読んだり順番どおりに読めないなど。

「聞く」「話す」障害

話の内容を理解できない、話がまとまりなくうまく物事を伝えることができないなど。

こる障害と言えるでしょう。また、LDの子どもは、ADHD（P186）を併発していることが少なくありません。

読み書きや算数のほか「聞く」「話す」の障害も

LDの代表的なものに、読み書き障害や算数障害が挙げられます。どちらも、それぞれの科目の習得が2学年以上遅れている場合にLDとみなされます。

また、相手の話の内容が理解できない「聞く」障害や、逆に一方的に話したり、話のまとまりがなく言いたいことをうまく伝えることができない「話す」障害もLDのひとつです。さらに、LDには複雑な思考を必要とする問題がわからない「推論」に関する障害もあります。

■はったつプチコラム■　LDのサインは幼児期にみられる？

読み書きに関するLDの場合、話しことばの遅れやコミュニケーション障害が、認知に関するLDの場合は多動や注意力欠陥が、幼児期に現れることが多いという。

ADHD（注意欠陥／多動性障害）

C A S E S T U D Y

●集中力がなく常にそわそわしてしまう……

Hくんは、たった45分の授業時間でもじっと座っていることができません。席を離れて歩きまわったり、時には教室を抜け出してしまったり意味なく大声を出すこともあります。先生が「授業に集中しなさい」と叱っても、すぐにそわそわし隣の子どもにちょっかいを出し始めます。昼休みに皆でドッジボールをするときなどもルールが守れずひとりで暴走するため、友だちも限られていました。やがて授業についていけなくなり、授業中も好きな本を読んだり携帯ゲームに興じるようになりました。困った両親が医療機関に相談したところ、ADHDとの診断を受けました。

▼落ち着きがなくじっとしていられない

坂本竜馬やエジソン、レオナルド・ダ・ヴィンチ……いずれも偉業をなし歴史に名を残した偉人ですが、幼少期は一風変わった子どもだったと伝えられています。実は、一説によれば、彼らはADHDをもっていたのではないかといわれているのです。

ADHD（注意欠陥／多動性障害）は、学齢期の3～5パーセントにみられると報告され、比較的頻度の高い発達障害といえます。

病名からもわかるとおり、その主な症状には、ひとつのことに集中できない「注意欠陥性」、席に座っていられなかったり手足をモジモジさせたりする「多動性」、順番が待てなかったり会話に平気で割り込む「衝動性」

■はったつプチコラム■　6パーセントあまりの子どもがADHD予備軍？

文部科学省によると、小中学校の普通学級で「学習面や行動面で著しい困難がある」と担任教師にみなされる生徒は6パーセント強とか。この中にADHDの子どもも含まれているだろう。

の3つがあります。こうした傾向はどの子にもみられますが、問題行動をしょっちゅう起こしたり、生活面に著しい不利益がある場合、ADHDと診断されることが多いようです。

　ADHDの子どもには、知的な遅れはほとんどありません。しかし、その発症には脳の機能障害が関係していると考えられています。

多動性は成長すると目立たなくなる

ADHDの子どもの場合、知的能力には問題がないのに、集中力がないため学力不振に陥ることがよくあります。また、友人関係で問題を抱えてしまうことも少なくありません。

　治療には、リタリンなどの中枢神経刺激剤も使われますが、日本では行動療法が中心です。気になる症状があれば、専門機関に相談してみましょう。

　また、成長するにしたがって、多動は目立たなくなるのが一般的です。ただし、注意欠陥性は持続し、青年期になると**ADD（注意欠陥障害）**に移行するといわれます。そのADDも年とともに軽くなっていきます。

＊ADD（注意欠陥障害）
ひとつのことに集中できず、次々に関心が移ってしまい社会生活に支障をきたす障害。「片付けられない症候群」としてマスコミで注目を浴びた。

キーワード

【DV】

配偶者から「命の危険を感じるような暴行を受けたことがある」女性は、何と20人に1人。わが国に潜むDVの根はまだまだ深い——。

身体的な暴力だけがDVではない

2001年には、「DV防止法」が施行され、ここ数年で、家庭内暴力を示す「DV」(ドメスティック・バイオレンス)という言葉がずいぶん浸透しました。

DVとは一般に、夫婦間および恋人に対する暴力を指しています。

ここでいう暴力とは、殴る、蹴《け》る、物を投げる、首を絞めるなどの身体的な暴行だけではありません。たとえば、大声でどなる、強迫する、電話や交友関係を細かくチェックする、生活費を渡さないなどの精神的なもの、さらには性行為を強要したり、避妊に協力しないなどの性的なものまで、さまざまな形態のものが含まれます。

なかでも、男性から女性への身体的暴力の割合が多く、内閣府の調査によると女性全体の何と約20人に1人が、配偶者から「命に関わるような暴行を受けたことがある」と答えています。

加害者は暴力的に見えないことも

DVの加害者には決まったタイプはなく、年齢や学歴、年収も関係しないとされています。加害者の中には誰に対しても暴力的な人もいますが、意外に多いのが、「あの人が暴力なんて信じられない」といわれるような、人あたりがよく社会的信用の高い人です。

暴力を振るう理由には、人とうまく関係が築けなかったり、自分への苛立ちが配偶者に向かってしまうなど、さまざまな要因があると考えられます。アルコール依存や薬物依存、精神障害などから、暴力を振るうこともあります。

DVは、結婚後2～3年して始まることが多く、たいていくり返し行われます。加害者は暴力を振るった後、被害者に対し一変してやさしくなり、その後しばらくの小康状態を経てまた暴力を振るうというサイクルをくり返します。

子どもの発達への悪影響は見のがせない

DVでは、恐怖感や無力感、経済的問題、子どもの問題などの理由から、被害者側は逃げ出したくても逃げ出せないという悪循環に陥りがちです。

しかし、DVの被害者は肉体的な損傷だけでなく、PTSD（外傷後ストレス障害）などの精神的な障害を負うこともあります。さらには、子どものこころの発達に悪影響を及ぼす可能性も決して少なくありません。

──勇気を持って、悪循環を断ち切ることが大切

現在では、全国の都道府県に配偶者暴力相談支援センターが設置され、カウンセリングや相談機関の紹介、被害者の一時保護などが行われています。こうした機関を利用するのがいいでしょう。なお、DVでは加害者側が自分の異常性に気づいていないことが多いため、治療では、男女がそろってカウンセリングを受けることがあります。

発達子ども相談室⑤

困ったときの相談機関

気になるクセがあるうちの子。
もしや発達障害があるのでは、と考えています。
専門家のお話を聞きたいのですが、
どこに相談するのがいいのでしょう？

都道府県や市区町村など、自治体の主催する教育相談をまずお受けになられては？
そのほか、大学などでも発達に関する相談を受け付けています。

＜自治体主催の教育相談＞

● 各都道府県の教育委員会

文部科学省の主催する「教育相談所」「家庭教育24時間電話相談」を管理しているほか、さまざまな相談窓口を設けています。

● 市区町村の子育て相談センター

市区町村によっては独自に「子ども相談室」などを設けていることもあります。保育の担当課などに問い合わせてみましょう。

＜発達障害に関する相談＞

● 全国療育相談センター

障害の可能性がある子どもの相談に乗ってくれます。必要に応じて各専門家が悩みを把握する総合相談のほか、心理相談や言語聴覚相談、教育相談などの単科相談があります。電話などで要予約。　☎03-3203-1193（月～金、9時～17時）

● 大学付属の相談機関

発達障害児をもつ保護者を主な対象に、発達臨床や障害児保育を専門とする教官などが相談を受けます。　東京学芸大学教育実践研究支援センター　☎042-329-7686（電話相談）／お茶の水女子大学発達臨床相談　☎03-5978-2048

第6章
大人のための発達心理学講座

これまで子どもの発達を中心にみてきましたが、
「発達」するのは子どもだけではありません。
安定した家庭生活を送り、豊かな老後を迎えるために、
知っておきたい大人版・発達心理学を紹介します。

青年期以降

発達するのは子どもだけじゃない？

――生涯発達の考え方

「受胎」から「死」まで、人間は発達している？

発達心理学は、子どもの発達過程をあつかった心理学として徐々に浸透してきています。しかし、「子どもが大人になるまで」が主な研究対象だったのはもはや昔の話。私たちは大人になっても――身体面はとにかく精神面においては――生涯にわたって、変化しつづけています。「発達」は、子どもだけの問題ではない、そんな考え方がここ10年前後でしだいに普及してきたのです。そこで唱えられるようになったのが「生涯発達」の考え方です。

少子高齢化で、日本人の平均年齢は年々高くなっています。60歳や65歳の定年を機に、新しい「第二の人生」が始まるという考え方も一般化しました。そんな状況にあって、発達の研究を子どものことだけにしぼっていたのでは不十分です。実際、中高年期の発達についてもさまざまな研究が進められており、のちに述べるように、高齢者もいろいろな点で発達していることがわかっています。

人は生涯「発達」しています。受精して胎児となってから死にいたるまで、人の心や行動はどのように変化していくかを扱うのが、「発達心理学」といえるのです。

●年をとること＝衰退ではない

かつての考え方では、知能は青年期に頂点に達し、以後はだんだんと衰退していくものとされてきました。

この点からも、年をとることはすなわち衰退とみられ、老年期は発達研究の対象から外されることがしばしばありました。しかし、Ｐ２１５にみるとおり、現在では、ある種の能力は年をとるとともに、減少どころか増加していくことがわかっています。これは、ノーベル賞など世界的に栄誉ある賞の受賞者が、50代、60代に多いことからも証明されています。知能面でも、人間は生涯発達するといえるのです。

歴史家・発明家は科学者よりも老化に強い？

老化による知能の衰退の程度は、ジャンルによって異なるとされています。

L.デニスという研究者は、歴史家、発明家、詩人、建築家、数学・科学者のそれぞれの生産力が、年齢とともにどう変化していくかを研究しました。

その結果、細かな計算を必要とする数学・科学者や建築家は40代をピークとして比較的急速に衰退したのに対し、言語的能力や経験を要する歴史、発明の分野では、60代をピークとしてそれ以降も高いレベルを保っていることがわかりました。

とはいえ、２００2年ノーベル物理学賞を受賞した小柴昌俊名誉教授は、当時すでに70歳すぎ。個人のたゆまぬ努力と才能しだいで、知能はどうにでも高くキープできるようです。

青年期

転職をくり返すのはなぜ？

——アイデンティティの確立

●青年期の課題はアイデンティティの確立

今、日本ではフリーターの急増が深刻な問題になっています。20～30代のフリーターの中には、目指している夢があってそのためにアルバイトを続けている人も多数いますが、一方で「やりたいことがわからない」「サラリーマンなんてなりたくない」という人がいるのも事実。こうしたケースでよく取りざたされるのが、アイデンティティ確立の問題です。

アイデンティティの確立は、青年期の大きな課題です（P44）。

青年期の中心となる学生時代、私たちは、進路の問題や友人関係あるいは恋愛関係など、さまざまな問題に対する選択を迫られます。この一種の危機的状況と向き合い、ひとつひとつ乗り越えていくことができれば、自分の存在価値を確信でき、アイデンティティが確立されます。アイデンティティの獲得過程である青年期では、たとえ仕事などで失敗しても「まだ若いから」などと責任を免れられることが多く、またその猶予《ゆうよ》にとどまっていたいことからモラトリアムとよばれます。

＊青年期
かつては大学を卒業して職に就くまでを指すことが多かったが、今では30歳くらいまで、あるいは結婚して家庭を持つまでというように青年期の定義は延長してきている。

●なぜ、ひとつの職場が長続きしないのか

しかし、アイデンティティは順調に獲得されるとは限りません。獲得過程で、自己のイメージがまとまりなく広がってしまい「自分とは何者か」を確立できずに「いい大人」といわれる年齢になってしまうこともあります。エリクソンはこの現象を、「アイデンティティ拡散症候群」とよびました。そうした人の特徴は、自意識過剰や他者からの孤立などと述べています。一度は職に就いても長続きせず、「他にもっと適職があるはず」と職場を転々とする若い人が身近にいるのではないでしょうか。これはアイデンティティ拡散の現れともいえます。精神医学の権威である小此木啓吾氏は、このアイデンティティの拡散によって、進路の選択などを先延ばしにしてしまい、いつまで経ってもモラトリアムから脱せない「モラトリアム人間」が生まれるとしています。

では「サラリーマンなんてなりたくない」タイプのフリーターは、どうでしょうか。かつて、オーフロスキーという研究者は、共有文化から疎外されたものに傾倒する「疎外的アイデンティティ」の存在を唱えました。つまり、この考えに従えば、こうした現代のフリーターはかつてのヒッピーなどと同じ、職に捉われない自由な生き方を選ぶという意味で、共有文化とは別の場所にアイデンティティを確立しているというわけです。

■はったつプチコラム■　女の子の職業選択には親の考え方しだい？

両親から性別しつけ（P35）を受けた女子学生は、専業主婦を志向しやすいことがわかっている。なお、有職の母親の場合、娘に経済的自立・社会的自立を求める傾向がある。

青年期

●――結婚の意味

結婚の「意義」は一体どこにある？

●「精神的な安らぎ」がいちばんのメリット

30歳くらいになると、「結婚しないの？」と聞かれることが増えてきます。多様な生き方が認められるようになった現代ですが、今でもこの年齢になると、結婚して子どもをつくることが一般的とされます。結婚には、今まで生まれ育った家庭（**定位《ていい》家族**）から脱して、自分で選んだ配偶者とともに新しい家庭（**生殖《せいしょく》家族**）を築いていくという意味があります。こうして自らの手でつくりあげる夫婦関係こそが、家族――血縁に伴った社会の小集団――の中核となっていきます。これこそ、社会学的な面からみた結婚の意義といえます。

では、心理学的な面からみると、結婚にはどんな意義があるのでしょうか。

鈴木氏が「国民生活選好度調査」などのデータを再分析して〝結婚願望の裏にある期待〟をまとめた結果、「一人前の人間として認められる」（男35％、女21％）などをしのいで、「精神的な安らぎの場が得られる」（男59％、女67％）との回答がトップを占めました。結婚によって社会的に認められたり生活上の実利がもたらされることよりも、「精神的な充

＊定位家族と生殖家族
自分が生まれ育った定位家族は自分の意志で選択することができないが、自ら結婚してつくりあげていく生殖家族は自分で選択できるのが特徴のひとつ。

恋愛から結婚に至るまで
～配偶者選択の過程～ (Adams,1979;森岡・望月、1999)

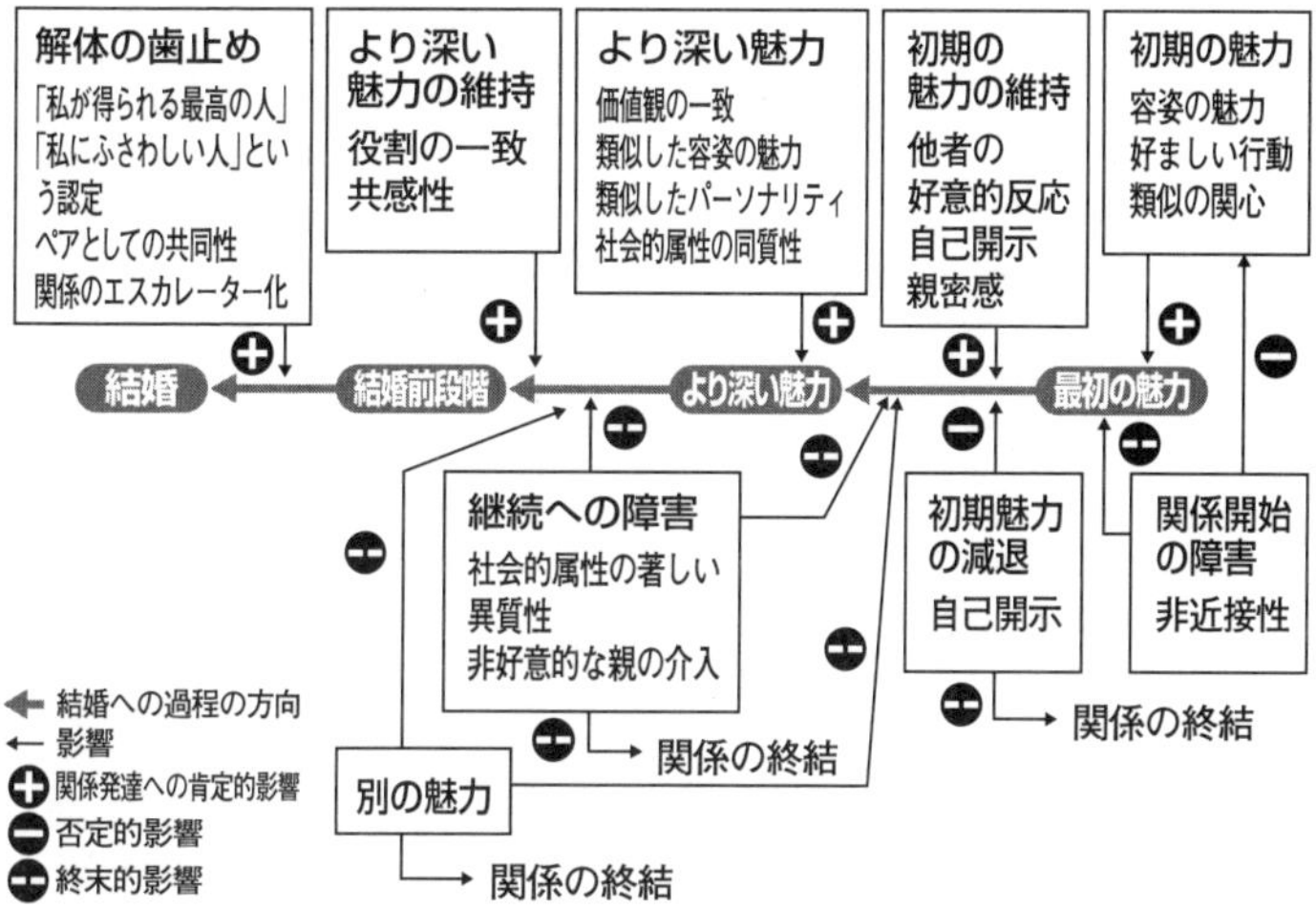

足」が最大のメリットと捉えられています。

●人は結婚相手をどう選んでいる？

夫や妻を選ぶ手段として、多いのが「恋愛」です。見合いが一般的だった戦前と変わって、今では「結婚といえば恋愛結婚を指す」状況になってきています。

しかし、結婚＝恋愛に近い状況といえど、恋愛＝結婚というわけでは決してなく、結婚にいたるまでには、上のような一定のプロセスを経る必要があるとされます。

また、近年では、職場や地域で異性との出会いの少ない独身者が結婚紹介所に登録し配偶者選択の範囲を広げるというケースも増えてきています。これは、従来の見合いを現代化したものといえるでしょう。

■はったつプチコラム■　結婚の条件　ベスト１は「人柄」

独身女性が重視する結婚相手の条件としては、「人柄」を挙げる人が92％で最も多い。最近ではそれに、「仕事理解」「家事育児」を挙げる人が増加の傾向にある。

青年期以降

結婚生活

夫婦間の愛情はどう変化するか

●子どもが生まれると夫婦愛は低下する?

昔からよく「子はかすがい」といいます。しかし、これは心理学的にみれば不適当といえるようです。なぜかというと、どんなにラブラブな夫婦でも、子どもができることでその愛情は低下する傾向にあるからです。もちろん例外もありますが、出産前の夫婦ふたりのときは恋愛感情も残っていて、会話も豊富なのに対し、子どもができると会話は子ども中心になります。個人的な会話がなくなり気持ちが通じ合わなくなりやすいのです。この傾向は、子どもが小学校、中学校と大きくなるにつれて強まり、夫婦の愛情もしだいに低下していきます。中年期になると、ほとんど口をきかなくなったり、寝室を別にして家庭内別居のような状態になるカップルも少なくありません。

しかし、実際には冷えた関係のまま死を迎える夫婦はそう多くないのです。たいてい60歳頃になると、再び夫婦の絆《きずな》が問われる時期がやってきます。この頃になると、子どもは巣立ち、夫も定年退職を迎えて家で過ごすことが多くなります。このとき、改めてお互い

■はったつプチコラム■　結婚はリストラ以上のストレス?

人生のライフイベントがどの程度のストレスを及ぼすか研究した結果によると、配偶者の死が100のストレスとすると、結婚は50。これはリストラの47を上回っている。

を見つめ合い夫婦関係を再構築できれば、第二の蜜月ともいうべき幸せな老後が待っています。反対に、お互いが一緒に過ごすことを重要視できなかったり、ため込んだ不満がこの時期に爆発してしまうと、熟年離婚（P207）という事態にも発展しかねません。

●おしどり夫婦でいるにはどうすればいい？

「釣った魚に餌はやらない」といいますが、夫婦の関係をよりよい状態に保ち続けるためには、餌をやり続けなければなりません。餌とは、プレゼントやほめことばとは限りません。相手を気づかっているという態度を見せること、相手のことを知ろうとすることなど、ささやかですがこの気づかいを積み重ねていくことで、夫婦間の愛情を深めていくことができるのではないでしょうか。

Break

奥さんが美人だと夫は出世しやすい……って本当？

アメリカでこんな実験が行われました。カップルに大学の構内を2回歩いてもらいます。1回目と2回目では、女性の服装や化粧を変えて、魅力的な女性とそうでない女性に見えるようにします。そのうえでカップルの男性の評価を他の学生に聞いたところ、魅力的に変装した女性と歩いたときのほうが、優秀で信頼性が高い、将来性もある、と高評価だったといいます。

心理学では、他人から高く評価されている人との関係を強調することは、自分の評価を高める効果があるとされますが、この場合も同じ。奥さんがきれいにしていることは、夫の社会的な評価に貢献するのかもしれません。また逆に、素敵な夫を持っていたほうが妻の評価が上がるともいえます。

■はったつプチコラム■　独身でいる理由は、「出会いがない」から？

25～34歳の未婚の男女に独身でいる理由を調査したところ、「適当な人にめぐりあわない」が男女ともトップを占めた。ほか「自由や気楽さを失いたくない」「必要性を感じない」等。

青年期

職場ストレスに対応するコツは？

職場への適応

●まじめな人ほど、職場不適応に陥りやすい？

ストレス病にかかる人が増えてきています。ストレスの原因は人によってさまざまですが、最も大きな要因は職場環境によるものでしょう。

職場ストレスは、仕事の負担や業績評価、さらに人間関係などさまざまな要因が積み重なって生まれます。とくに長時間責任を強いられる仕事や、能力以上の要求をされる仕事、将来の展望のない仕事は強いストレスをよびます。しかし、長時間労働でも、関心の高い仕事であったり、自分の技能を活用できる仕事では生じにくいため、職場環境と個人の資質との相性が重要といえます。さらに、ストレス反応には個人差があります。欲求不満耐性（P43）の高い人なら、ストレスフルな環境でも平気で耐えていくことができます。

ストレスに適応しきれなくなると、出社拒否症や、平日だけ体の不調が現われるなど、さまざまな職場不適応症状が現われることがあります。こうした症状は「やる気がない」「根性がない」から起こると思われがちですが、逆に職場不適応状態に陥る人は、熱心でま

■はったつプチコラム■　現代人はなぜストレスに弱くなったのか？

社会人になるまでの成長の過程で、タテの関係を中心とする多様な人間関係や、環境の変化に対する対処などを直接体験する機会が少ないことも、ストレスに弱い理由のひとつ。

職場不適応のサイン

仕事をしているときに、気分の落ち込みや集中力、気力の低下を感じるが、休日は元気

出社時にいつも吐き気や腹痛を感じるのに、病院でいくら検査しても原因が見つからない

遅刻、早退、仕事上のうっかりミスなどが増えた。仕事の能率も大きく低下している

じめ、努力家の人が多いようです。

●仕事熱心もほどほどにしたほうがいい？

反対に、仕事をしていないと精神的に不安定になり、休日も何かと理由をつけて仕事をしようとする「過剰適応」の人も増えています。無理をしているのに本人はそれに気づいていません。過剰適応は、会社と自分を一体させることで心理的な安定を得ている状態で、長く続くと夫婦関係の危機や家庭崩壊、過労死などにつながりかねません。

職場にうまく適応しながら人生を充実させていくためには、空いた時間を生かし上手にストレスを解消していくこと、家庭や友人関係など仕事と同じくらい価値のあるものの存在を忘れずにいること、また、仕事をひとりで抱え込まず人と協力しあっていくことが大切でしょう。

■はったつプチコラム■　いちばんのストレス解消法は「寝ること」？

労働者の疲労やストレスの解消法を調べた調査では、「睡眠や休息をとる」が男女ともにトップ、そのほか女性では「外食や買い物をする」、男性では「酒を飲む」が多かった。

青年期

親の発達

子育ては人間を成長させる？

●子育ては子どものためならず？

かつての日本では、「所帯を持ち子どもを持って一人前」という考えがありました。古臭いと思われるかもしれませんが、発達心理学の歴史をたどると、同じようなことが唱えられています。ハヴィガーストという研究者は、18～30歳くらいの青年期になすべき課題として「第一子を家族に加えること（＝最初の子どもを産むこと）」を挙げているのです。

子どもを育てる、ということはまちがいなく人生の一大事業です。この事業はひとりの人間を社会に送り出すほか、さまざまな変化をもたらします。そこには、親自身の成長も含まれます。子育てという困難に向き合うことで、親の人格が大きく変化するのです。

左の図は、柏木惠子氏と若松素子氏がすでに子どもを持ち親となっている男女に、以前の自分を回想してもらうという手法で、親になることの人格的変化をまとめたものです。「柔軟性」や「自己の強さ」「視野の広がり」など、親がさまざまな面で変化を感じていることがわかります。ちなみに、この調査では、父親よりも母親のほうが自身の変化を強く

■はったつプチコラム■　子どもが嫌う親のタイプとは？

子どもからみて「すぐ口や手が出る」「期待しすぎる」「過保護」「厳しすぎる」「放任する」「無関心」「みえっぱり」「自己中心的」などの親が嫌がられるという調査結果がある。

子どもを持つとこんなに変わる（柏木、若松、1994より作成）

柔軟性
考え方が柔軟になる、他人に寛容になる、いろいろな角度から物事を見るようになる

自己抑制
他人の迷惑にならないよう心がける、ほしいものが我慢できる、分をわきまえる

運命と信仰の受容
人間の力を越えたものの存在を信じるようになる、信仰や宗教が身近になる、物事を運命だと受け入れる

視野の広がり
環境問題に関心をもつ、児童福祉や教育問題に関心をもつ、日本や世界の将来に関心をもつ

生きがい
生きている張りが増す、自分がなくてはならない存在だと思うようになる

自己の強さ
他人と摩擦があっても自分の主義は通すようになる、立場や考えをちゃんと主張するようになる

感じています。

●母親になると怒りっぽくなって当然？

反面、子育てはこんな変化ももたらすようです。小野寺敦子氏という研究者は、妊娠してから子どもを産み3年が経過するまでの間に、自己概念（自分に対する見方）がどう変化するかを調べました。68組の男女を調査したところ、女性の場合は「怒り・イライラ」という自己概念が出産後に強まることがわかりました。子育てでは思ったとおりにいかないことも多く、その結果、イライラカリカリしてしまうということでしょう。やさしい女性が、出産と同時に鬼ママになっても仕方ないことといえるのかもしれません。

■はったつプチコラム■　「親になれない親」が増えている？
最近では親自身が、考え方や社会的態度、性意識などの面で未成熟なゆえに、家庭での教育力が低下したり生活態度が悪化して、子どもの問題行動の引き金になっている。

青年期以降

父親の家事

家事をする父親はトクをする？

●家事に協力的な父親は、家庭内で尊重される？

日本の男性は一日で家事をする時間は、イギリス男性の約4分の1。まだまだ家事に積極的になれない男性が多いようです。しかし男性が家事に協力することには、ほかならぬ男性にとって大きなメリットがあるのです。家庭内での居心地がよくなりますし、妻が病気などになっても対応できます。老後のひとり暮らしにも備えることもできるのです。

さらに、父母が協力しあって家庭生活をキープしていく姿勢は、子どもにとってよい影響を与えます。家事に協力することで、子どもに尊敬されるというオマケまでついてきます。実際、家事・育児をしない父親よりする父親の方が、頼りがいや尊敬度、さらにはルックスなどの点でも、子どもの評価が高いという調査結果があります。

●父親のサポートのない母親は育児ストレスが強い

育児面はどうでしょう。Ｐ２０３のとおり育児は親にとって人間を成長させるチャンス

■はったつプチコラム■　意外？　共稼ぎ家庭だと男性は家事をしなくなる？

2001年の総務省の調査によれば、共稼ぎ世帯の夫の家事時間は1日25分、妻が専業主婦の家庭では1日32分と、共稼ぎ世帯のほうが夫は家事に非協力という結果が出ている。

男性の家事、育児参加でもたらされる変化

（総理府「男性のライフスタイルに関する世論調査」1993）

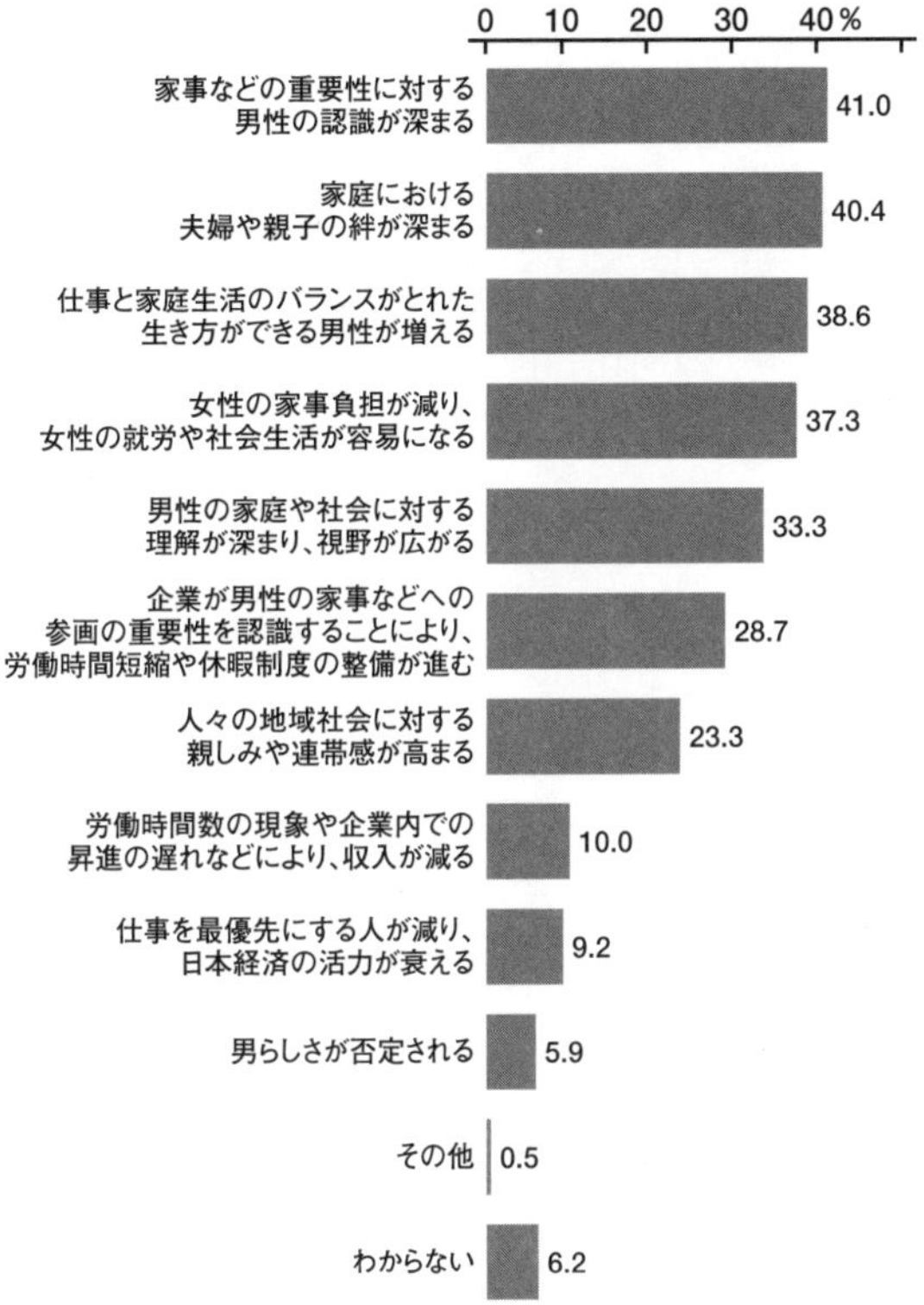

でもあり、父親とてこれに参加しない手はありませんが、父親の育児参加は、子どもの成長や夫婦関係においても非常に大切な意味があるようです。服部祥子氏と原田正文氏によって行われた調査では、父親が育児に協力的であれば母親の育児不安が低く、子どもの発達にも好影響があることがわかりました。一方、育児に非協力的な父親の場合、母親は育児ストレスを抱えてしまうことが多く、子どもに体罰を与えるなどの行動に走りがちなことがわかっています。父親が母親の育児を気づかい精神的にサポートすることが大切なのです。

■はったつプチコラム■　母親は疲れている？

佐々木氏らが１歳未満の子どもを持つ母親を調査したところ、母親は一般労働者と違って朝から強い疲労感を感じていることがわかった。夜勤型労働の慢性疲労に似ているという。

青年期、中年期

なぜ夫婦は離婚にいたるのか

――離婚の理由

●愛情が風化すると、「性格の不一致」が見えてくる？

「この人！」と思う人と結婚したとしても、離婚という結果になることもあります。わが国の離婚率はここ40年ほどずっと上昇しており、２００3年の統計では2・27％（厚生労働省人口動態統計）。この数字は今後も確実に上昇していくものと考えられます。

では、離婚の理由としてはどんなものが挙げられるでしょうか。

左の表は、司法の場で離婚の申し立てをする人の「申し立て動機」をまとめたものです。このデータをみると、男女とも「性格の不一致」が離婚原因のトップであり、さらに30年前と比べてこの理由で離婚する人が増えていることがわかります。ここでいう性格の不一致とは、相性というよりも、価値観や行動パターン、さらには生活習慣や金銭感覚の違いを指しているのでしょう。しかし、これらの違いは結婚前にすでにわかっていそうなものです。

この不一致は結婚前の恋愛期間ですでに気づかれていたものの、おそらく「これくらい

■はったつプチコラム■　夫婦関係を破綻にみちびく10項目（Geiee&O'Leary,1981）
①コミュニケーションの問題②結婚・配偶者への非現実的な期待③力の闘争④深刻な個人問題⑤役割をめぐっての葛藤⑥愛情の欠如⑦愛情表現の問題⑧アルコール依存⑨不倫⑩性

いちばんの理由は「性格の不一致」
～離婚申し立て理由～

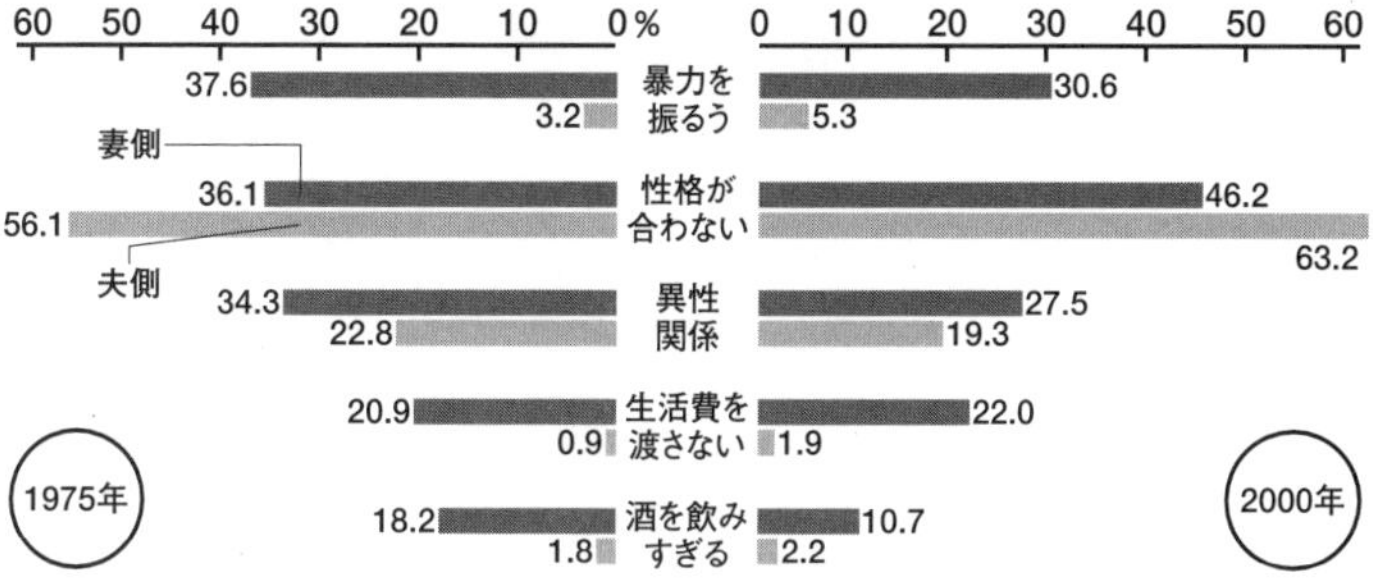

なら気にしない」と見過ごされてきたのでしょう。しかし、愛情が風化するにつれて「ぜったいに許せない」問題として浮上し、離婚に至っていることが考えられます。

●熟年離婚が増えている理由とは？

また、近年話題になっているものに、中高年になってから離婚する「熟年離婚」の増加も挙げられます。

この場合、女性から離婚を切り出すケースが圧倒的に多いと考えられます。これは中高年になって偶然に起こる離婚ではなく、二十年、三十年と我慢を重ねた上での結果のようです。子どもの独立や夫の定年などの区切りを待って、長年準備していた離婚話を切り出すわけです。

離婚の理由は「夫が家庭を顧《かえり》みない」など男性側にあることも多いので、男性陣は注意が必要です。突然の熟年離婚によって、老後の人生プランが全て狂ってしまう……ということにもなりかねないのです。

■はったつプチコラム■　再婚したい男性、二度と結婚は嫌な女性

厚生労働省の人口動態社会経済面調査によれば、離婚後の再婚の意思について、男性の半数以上が「将来再婚したい」というのに対し、女性は「再婚したくない」が半数以上を占める。

中年期

マザコン、パラサイトシングルの原因は？

親離れ、子離れ

●「子どもしかない」親は、子どもから離れられない？

かわいい子どもに恵まれ一生懸命子育てし、幸せな家庭生活を送ってきたはずの50～60代の母親が、子どもの結婚などを機に突然ひどいうつ状態に陥る……。これを、小鳥が巣立った後の親鳥に見立て、「空の巣症候群」といいます。

少子化、核家族化が進んだ現在、子どもはどの家庭でも溺愛《できあい》される傾向にあります。それが高じた結果、子離れができない母親が増えているのです。空の巣もその一症状。唯一の生きがいだった子どもが巣立っていくことに、空虚を感じてしまいます。とくに、仕事や趣味など生きがいを持たず、友だちも少ない専業主婦の場合、この傾向が強いようです。

●マザコン、パラサイトシングルが生まれる理由は？

逆に、親離れできていない子どもも増えています。マザコンということばがすっかり浸透したように、成人しても母親の庇護《ひご》から自立できない人は多数います。就職先や結婚相

■はったつプチコラム■　子離れできない心理とは？
乳幼児期の母子はたいてい一心同体。子どもが親を離れて自分なりの人生を歩み始めることで、アイデンティティ崩壊の危機に立たされる母親も多いという。

手すら、母親の一存で決めてしまう男性は少なくありません。この場合、子どものアイデンティティがきちんと確立できておらず、子ども時代の母子関係をそのまま引きずっていることが多いのです。男の子は児童期になると、父親をモデリングして男性性を身に付けますが、父親が家庭を顧みないとモデルにすべき男性がおらず、さらに母と密着してしまいます。母親の方も、夫に向けるべき愛情や夢を息子に託してしまいがちになり、この結果マザコン男性が誕生するというわけです。

また、数年前に話題になった「パラサイトシングル」も、親子の相互依存の形です。とくに、母娘の関係では、母親は自立を願いつつも、自分の理解者である娘を手放しがたくなってしまい、パラサイト生活が継続しがちです。その結果、「一卵性親子」となることもあり、注意が必要です。

Break

パラサイトシングルが晩婚化を後押ししている？

家賃を払わなくても住む場所が確保されて、家事は親まかせ、自分の給与のほとんどはお小遣い……。いわゆる、パラサイトシングルの状態は子どもにとってかなり居心地のいいことが多いようです。

一説にはこのパラサイトシングルの増加が、今の晩婚化を促進しているとか。女性なら、結婚すれば経済的な余裕がなくなるうえに親に任せていた家事も自分でしなければならないという気持ちが、どこかで結婚にブレーキをかけていることが考えられます。そのほか、実家暮らしで定位家族（P196）にどっぷりと漬かっているため、自らが新しい家族を作っていかなくてはならないという意識が湧きにくいこともあるのではないでしょうか。

■はったつプチコラム■　人間には元来、親子の情が備わっていない？

母性本能ということばがあるが、母性は生得的なものではなく、子どもとの関わりのうえで築かれていくもの。親子の情は家制度の存続のためにつくられてきたものともいえる。

中年期

中年期の課題

「中年期の危機」を乗り切るコツは？

●中年期に「危機」がやってくる？

「中年期クライシス」ということばを一度は耳にしたことがあるのではないでしょうか。**中年期**は、働き盛りの労働者であると同時に、まだ手のかかる子どもの親であり、地域の中心的存在であるなど、人生でもっともさまざまな役割を担って生きる時期です。しかし、一方で、この時期は内面的に深刻な問題が潜む時期ともいえるのです。

クライシスとは、峠や分かれ目、決定的な転換期の意味。すなわちこの時期をどう乗り切るかで、その後の人生の大半が決まるわけです。かの高名な心理学者ユングは中年期を発達のピークとしてその後徐々に下降していくとしましたが、下降と同時に個性化が進むと唱えています。個性化がどう進むかは、中年期の過ごし方しだいといえるでしょう。

では、中年期の危機は、具体的にどのような形となって現われるのでしょうか。岡本夏木氏によると、40代を中心とした中年期の心理変化として、「体力の衰えや体調の変化など身体感覚の変化」、「時間的展望のせばまりと逆転」、「仕事における限界感」、「老いと死

＊中年期
何歳ごろからを中年期とよぶかについてはさまざまな議論があるが、現代では40代、50代を指すという考え方が主流になってきている。

40代～50代を襲う危機

今までの自分を振り返り、軌道修正することが必要

への不安」を挙げています。こうした否定的な感情は、青年期まではほとんど現われることがありません。若いころは、自分の時間や体力、能力に限界があることを頭で知っていながらも、実感できない状態にあるのです。しかし、40代、中年期の入口に立ったとたん、自分の可能性の限界をつきつけられる。これが、中年期クライシスにつながります。

●アイデンティティの危機をどう克服するか

自分に対する否定的な感情が生まれると、「自分の人生は間違っていたのではないだろうか」など、こころが揺らぎはじめるようになり、アイデンティティの危機がおとずれます。そこで今までの自分を振り返り、人生の後半に向けて、生き方の軌道修正を行おうとします。それがうまくいけば、アイデンティティが再構築され、ふたたび自分に自信を取り戻すことができるのです。

ユングはこの時期に、若さや能力の減退を受け入れること、自分の人生をよく振り返って内面的生活を重視することが大切だといっています。また、発達課題論を唱えたハヴィガーストも中年期になすべき発達課題として、生理的変化を受け入れて適応することや、配偶者との関係を再構築することなどを挙げています。

このように、アイデンティティの再構築という大きな課題を乗り越えるべき中年期に、「自分の人生はこのままでいいや」と妥協したり、「いまさら軌道修正できない」と放棄したりしてしまうと、その後にさらに大きなアイデンティティ崩壊を迎えたり、精神的に未熟な「万年青年」のまま老年期に入ってしまう可能性があります。また、体力の低下を受け入れないまま、がむしゃらに働き続けて中年期を過ごすことで、過労死したりストレス病をわずらうこともあります。

●不況でさらに大きな危機がおとずれることも

ただでさえ大きな内面的危機を抱える中年ですが、この不況の時代では、さらなる危険にさらされる可能性を持っています。

たとえばリストラ。住宅ローンを抱えた中年には、リストラによる経済的な打撃ももちろん大きいですが、それだけではありません。男性の場合は仕事を通じて自尊感情を保っている部分が大きく、リストラされることで自分を正面から否定されたような気持ちになり、そこで、大きなアイデンティティクライシスに陥ってしまいがちです。

また、こんなケースもあります。大黒柱としてのプライドがあったりして、配偶者にリストラを報告できなくなります。そうすると、将来の不安も含め、悩みをすべてひとりで抱え込んでしまうのです。中高年の自殺者の増加には、こうした要因が関係していると思われます。自殺の背景にうつ病が存在することも指摘されていますが、中高年にはうつ病になりやすい条件をも備えているのです。

「異性を性的対象とみない」が中年期の課題のひとつ?

「人生の正午」ともいうべき中年期にいかなる課題をなすべきか——、R.C.ペックという研究者は、中年期の課題として次の4つを挙げています。

①英知を基本とした精神面に重点を置く。
②異性を性的対象ではなく、個々の人格、仲間として認識する。
③他者に柔軟に関われるように、柔軟な対人関係と他者に対して情緒的に関与できる能力をもつ。
④自分のやり方に固執しない精神的な柔軟性をもつ。

なかでも、②は興味深く感じませんか。

これにしたがえば、40～50代で社内不倫にハマる人は、まだまだ青二才といえるのかも?

■はったつプチコラム■　中高年の自殺率

人口動態統計によれば、1995年以降を境に若者や高齢者の自殺は目だって低下し、中年の自殺者が増加してきている。いちばん多いのは55～59歳の世代である。

老年期

充実した老後を迎えるためには？
——加齢と発達

●老年期は「喪失の時代」ではない？

「年をとる」と言うと、それだけでどことなくネガティブな印象を受ける人が多いのではないでしょうか。

発達研究においても、老年期はこれまで「喪失の時代」と言われ、「心身の健康」「経済的な基盤」「社会的役割」「生きがい感」の４つを喪失し無気力に陥りがちと言われてきました。また、高齢者の典型的な性格パターンといえば、保守的、自分の考えに固執する、融通がきかない、愚痴っぽいなど、マイナスのイメージが挙げられる傾向にありました。

しかし、４人にひとりが65歳以上という高齢化社会を迎えるにあたって、これまでの老年期の捉え方や従来の高齢者像が見直されてきています。

確かに老年期に失われるものは少なくありません。しかし、成熟した人間として豊かな発達の可能性を持つ時期という見方をすれば、老年期は人生の円熟期として前向きに捉えることができます。

■はったつプチコラム■　発達がわかる本『老人力』

赤瀬川源平著の『老人力』は、年をとって老化現象が身につくことを「老人力がつく」と、一種の発達的増大として捉えたのが新鮮だった。

積み重ねた知識は衰えない
～結晶性知能と流動性知能の加齢モデル～

(Baltes et al,1980)

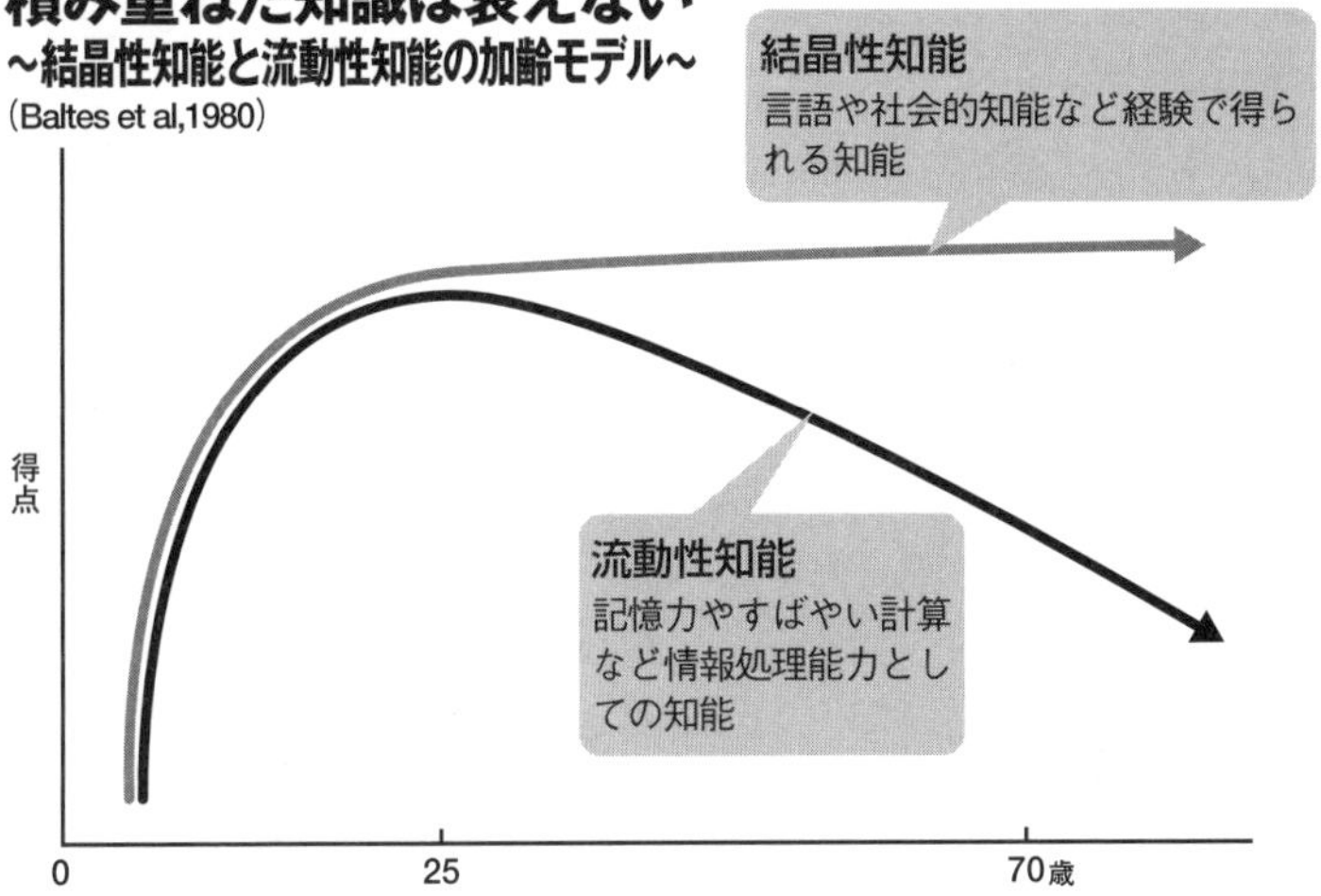

●老後充実のカギは「生きがい」と「人間関係」?

老化といえばすなわち衰退を指すと思われがちですが、決してそうではありません。

知能の面からそれを立証するのが、上のグラフです。ホーンとキャッテルという研究者は、人間の知能には、推論やすばやい問題解決能力をつかさどる「流動性知能」と、積み重ねた知識を指す「結晶性知能」の二種類があると唱えました。このうち流動性のほうは青年期以降衰えていくのですが、結晶性の知能は年とともに上がっていくというのです。

また、ソルトハウスという学者は19～72歳のタイピストを対象に、複数のタイピングテストを行い速度を測るという実験を行いました。その結果、単に指の動きのスピードを競う課題で

■はったつプチコラム■　自分を「老人」と認めるのはいつ?

日本では70歳を超えると自分を老人だと認めることが多いが、タックマンという研究者の調査によるとアメリカでは、70歳代で自分を老人と認める人は38%しかいないという。

は若いタイピストが勝ったものの、普通に文章を打ち込む課題では年齢によって差が見られなかったといいます。

これらの点からみると、高齢者の能力は衰退しているどころか、社会的に価値のあるものをたくさん持っていることがわかります。

●年をとって衰える能力、衰えない能力

このように十分な能力を持つ高齢者ですが、定年退職を迎え、中年期から老年期に移行したとたん、生きがいを失って無気力に陥り、日がなぼんやりしたり抑うつ状態になったりする人は少なくありません。これは、どうしてでしょうか。

男性の場合、これまで仕事一筋できて家庭や地域社会とあまり関わらない生活を送ってきた人は、退職後一気に生きがいと人間関係をなくしてしまうことが多いのです。そこから別の活動に関わろうとしてもうまく適応できず、しだいに無力感を学習し、すべてにやる気をなくしてしまいます。

人生80年としてそのうち20年、長く続く老後を前向きに過ごせるかどうかは、退職後に仕事に替わる生きがいを見つけられるか否かに大きく左右されます。

たとえば定年まで働いた人なら、それまでの会社員生活に対するこだわりを捨て、気持

■はったつプチコラム■　高齢者のいちばんの生きがいは孫？

高齢者の生きがいを調べた調査(宗像、川野ら、1994)によると「子どもや孫の成長」(50.0％)を挙げる人が最も多く、次いで「テレビ・カラオケ・ゴロ寝」(46.7％)が多かった。

新しい居場所を準備しておこう

退職すれば、会社という居場所はなくなる。そのことを見越して、地域社会や趣味のサークルなどに新しい居場所を準備しておきたい。

ちを切り替えて、新しい活動にうまく適応していけるかが、重要なカギを握ります。専業主婦なら、子育てに変わる生きがいを見つけられるかがポイントになるでしょう。社会人大学やカルチャーセンターで生涯学習に励んだり、別のパートタイム労働やボランティアで知識や経験を社会に生かすことは、大きな生きがいになります。まずは、知的好奇心や意欲を持って外に出て行くことが重要でしょう。

また、いきいきとした老後を過ごすためには、人間関係のネットワークも大切です。定年後、職場の人間関係が失われてしまうと、妻しか話し相手がいなかったという人がいます。こうした人の場合、地域社会などに幅広いネットワークを持つ人よりも、幸福感が低いといわれています。年をとると妻や子どもにべったりしてしまう人もいますが、できれば外に出て人間関係を広げていくのが理想的といえるでしょう。とはいえ、老後の生きがいや新しい人間関係は、一朝一夕に見つかりません。中年期の間に、今後の人生の準備をしておくことが、充実した老後を生み出すのではないでしょうか。

■はったつプチコラム■　「働きたい」高齢者は全体の8割

中高年向け市場調査会社シニアコミュニケーションの調査によると、パートやSOHOなどを含め、今後何らかの形で「働きたい」と答えた高齢者は全体の8割もいた。

ひ

ふ

ほ

ま

み

む

も

や

ゆ

よ

り

ろ

す

せ

そ

た

さくいん

参考文献一覧

『乳幼児発達心理学』繁多進　編著（福村出版）
『愛着の発達』繁多進　著（大日本図書）
『発達心理学入門［新版］』久世妙子ほか著（有斐閣）
『発達心理学ハンドブック』東洋、繁多進、田島信元　編（福村出版）
『子どもの問題行動事典』林洋一、榎本博明　編著（北樹出版）
『心理学の基礎と応用シリーズ3　家族心理学』榎本博明　編（ブレーン出版）
『発達心理学事典』岡本夏木、清水御代明、村井潤一　監修（ミネルヴァ書房）
『みるよむ発達心理学』塚野州一　編著（北大路書房）
『生涯発達　人間のしなやかさ』前原武子　編著（ナカニシヤ出版）
『シリーズ・人間と性格第2巻　性格の発達』詫摩武俊ほか編（ブレーン出版）
『性格心理学ハンドブック』詫摩武俊　監修（福村出版）
『心理学辞典』中島義明ほか編集（有斐閣）
『青年心理学事典』久世敏雄・齋藤耕二　監修（福村出版）
『エッセンシャル心理学』藤永保、柏木惠子　著（ミネルヴァ書房）
『社会・情動発達とその支援』須田治・別府哲　編著（ミネルヴァ書房）
『LD・ADHD等関連用語集』日本LD学会　編（日本文化科学社）
『きょうだいの研究』依田明　著（大日本図書）
『ひとりっ子・すえっ子』依田明　著（大日本図書）
『住みごこちの心理学』加藤義明　編（日本評論社）
『発達心理学への招待』柏木惠子、古澤頼雄、宮下孝広　著（ミネルヴァ書房）
『子どもという価値』柏木惠子　著（中央公論社）
『手にとるように心理学がわかる本』渋谷昌三　著（かんき出版）
『図解雑学発達心理学』山下富美代　編著（ナツメ社）
『らくらく入門塾　心理学講義』　渋谷昌三　著（ナツメ社）
『図解　心理学のことが面白いほどわかる本』渡邉芳之、佐藤達哉　著（中経出版）
『性格形成と変化の心理学』鈴木乙史　著（ブレーン出版）
『現代のエスプリ別冊 うちの子に限って 異常性発見234のチェックポイント』
『毎日ライフ2003年3月号』（毎日新聞社）
『男女共同参画白書　平成16年度版』
厚生労働省ホームページ
文部科学省ホームページ

●監修者

林　洋一（はやし　よういち）

1950年神奈川県横浜市生まれ。横浜国立大学教育学部心理科卒業後、東京都立大学大学院人文科学研究科博士課程心理学専攻満期退学。臨床心理士、臨床発達心理士、特別支援教育士スーパーヴァイザー（LD・ADHD等）。東京都立大学人文学部助手、白百合女子大学文学部教授をへて、現在報徳会宇都宮病院附属准看護学校校長。2005年4月から、いわき明星大学人文学部教授に就任予定。主な著書に『カウンセリング心理学』『発達心理学』『家族心理学』（ともに共著）（ともにブレーン出版）など多数。

●デザイン／はいちデザイン

●校　　正／小村京子

●イラスト／秋田綾子

●編集協力／小畑さとみ、オフィス201

やさしくわかる発達心理学

2005年３月14日　発行

監修者　林　洋一　　Yoichi Hayashi, 2005

発行者　田村正隆

発行所　株式会社ナツメ社

東京都千代田区神田神保町1-52　加州ビル2F（〒101-0051）

電話　03（3291）1257（代表）　FAX　03（3291）5761

振替　00130-1-58661

制　作　ナツメ出版企画株式会社

東京都千代田区神田神保町1-52　加州ビル3F（〒101-0051）

電話　03（3295）3921（代表）

印刷所　ラン印刷社

ISBN4-8163-3875-6　　Printed in Japan

（定価はカバーに表示してあります）

（落丁・乱丁本はお取り替えします）